Bernstein.

Über dieses Buch

Wir alle kennen Märchen. Doch kennen wir tatsächlich die Märchen, die einst die Brüder Grimm in deutschen Landen erfasst haben, oder nur eine der von Walt Disney und anderen adaptierten, an den Markt angepassten Versionen? Zurück zu den Wurzeln und einmal nachlesen, wie die ersten ursprünglichen Aufzeichnungen geschrieben waren: Mit welchem Witz und Charme sie zum Teil daherkamen. Barbara Gobrecht hat uns hier eine Sammlung von 19 Märchen mit äußerst wissenswerten Kommentaren vorgelegt. Sie sind der ersten handschriftlichen Urfassung von 1810, der sogenannten »Ölenberger Handschrift«, aber auch den folgenden Grimm'schen Ausgaben bis 1857 entnommen. In einigen Fällen zeigt uns Barbara Gobrecht die spannende Entwicklung eines Märchens von der ersten Aufschreibung zur literarischen Kunstform eines Wilhelm Grimm. Die vorliegenden Texte wurden behutsam modernisiert und orthographisch verbessert, ohne den Sprachwitz, den Humor oder die zeittypischen Formulierungen der Brüder Grimm herauszunehmen.

Über die Herausgeberin

Waschechte Berlinerin und Wahlschweizerin. Seit 1976 verheiratet, Mutter von drei Kindern. Dr. Barbara Gobrecht ist Lehrbeauftragte der Universität St. Gallen, Vorstandsmitglied der Schweizerischen Märchengesellschaft, Mitglied im wissenschaftlichen Beirat der Europäischen Märchengesellschaft. Ihr besonderes Interesse gilt der wissenschaftlichen Erzählforschung, vor allem den Märchen. Von ihren zahlreichen Publikationen seien hier nur einige genannt: »Märchenfrauen« (1996); »Hexen im Märchen«. In: Jahrbuch der Brüder Grimm-Gesellschaft VIII; Mitherausgeberin des Kongressbandes »Der Wunsch im Märchen. Heimat und Fremde im Märchen« (2003); »Märchenreise nach Griechenland« (2007).

Die schönsten Zauber Märchen der Brüder Grimm

Ausgewählt und kommentiert
von
Barbara Gobrecht

KÖNIGSFURT-URANIA

Erstveröffentlichung als Sonderausgabe zum Grimm-Jubiläum.

Bibliographische Information der Deutschen Nationalbibliothek

Die Deutsche Nationalbibliothek verzeichnet diese Publikation
in der Deutschen Nationalbibliographie; detaillierte bibliographische
Daten sind im Internet über http://dnb.d-nb.de abrufbar.

Originalausgabe
Krummwisch bei Kiel 2010

© 2010 by Königsfurt-Urania Verlag GmbH
D-24796 Krummwisch
www.koenigsfurt-urania.com

Umschlaggestaltung: Stefan Hose, Götheby-Holm,
unter Verwendung eines Motivs von Lo Scarabeo
Lektorat: Claudia Lazar
Satz: Stefan Hose, Götheby-Holm
Druck und Bindung: CPI Moravia
Printed in EU

ISBN 978-3-86826-019-9

Für meine Mutter

Inhalt

Aschenputtel

E inem reichen Manne, dem wurde seine Frau krank, und als sie fühlte, dass ihr Ende herankam, rief sie ihr einziges Töchterlein zu sich ans Bett und sprach: »Liebes Kind, bleibe fromm und gut, so wird dir der liebe Gott immer beistehen, und ich will vom Himmel auf dich herabblicken und will um dich sein.« Darauf tat sie die Augen zu und verschied.

Das Mädchen ging jeden Tag hinaus zu dem Grabe der Mutter und weinte und blieb fromm und gut. Als der Winter kam, deckte der Schnee ein weißes Tüchlein auf das Grab, und als die Sonne im Frühjahr es wieder herabgezogen hatte, nahm sich der Mann eine andere Frau.

Die Frau hatte zwei Töchter mit ins Haus gebracht, die schön und weiß von Angesicht waren, aber garstig und schwarz von Herzen. Da ging eine schlimme Zeit für das arme Stiefkind an. »Soll die dumme Gans bei uns in der Stube sitzen!«, sprachen sie, »wer Brot essen will, muss es verdienen: hinaus mit der Küchenmagd.« Sie nahmen ihm seine schönen Kleider weg, zogen ihm einen grauen alten Kittel an und gaben ihm hölzerne Schuhe. »Seht einmal die stolze Prinzessin, wie sie geputzt ist!«, riefen sie, lachten und führten es in die Küche. Da musste es von Morgen bis Abend schwere Arbeit tun, früh vor Tag aufsteh'n, Wasser tragen, Feuer anmachen, kochen und waschen. Obendrein taten ihm die Schwestern alles ersinnliche Herzeleid an, verspotteten es und schütteten ihm die Erbsen und Linsen in die Asche, so dass es sitzen und sie wieder auslesen musste. Abends, wenn es sich müde gearbeitet hatte, kam es in kein Bett, sondern musste sich neben den Herd in die Asche legen. Und weil es darum immer staubig und schmutzig aussah, nannten sie es »Aschenputtel«.

Es trug sich zu, dass der Vater einmal in die Messe ziehen wollte, da fragte er die beiden Stieftöchter, was er ihnen mitbringen sollte. »Schöne Kleider«, sagte die eine, »Perlen und Edelsteine«, die zweite. »Aber du, Aschenputtel«, sprach er, »was willst du haben?« »Vater, das erste Reis, das Euch auf Eurem Heimweg an den Hut stößt, das brecht für mich ab.« Er kaufte nun für die beiden Stiefschwestern schöne Kleider, Perlen und Edelsteine, und auf dem Rückweg, als er durch einen grünen Busch ritt, streifte ihn ein Haselreis und stieß ihm den Hut ab. Da brach er das Reis ab und nahm es mit.

Als er nach Haus kam, gab er den Stieftöchtern, was sie sich gewünscht hatten, und dem Aschenputtel gab er das Reis von dem Haselbusch. Aschenputtel dankte ihm, ging zu seiner Mutter Grab und pflanzte das Reis darauf, und weinte so sehr, dass die Tränen darauf niederfielen und es begossen. Es wuchs aber und ward ein schöner Baum. Aschenputtel ging alle Tage dreimal darunter, weinte und betete, und allemal kam ein weißes Vöglein auf den Baum, und wenn es einen Wunsch aussprach, so warf ihm das Vöglein herab, was es sich gewünscht hatte.

Es begab sich aber, dass der König ein Fest anstellte, das drei Tage dauern sollte, und wozu alle schönen Jungfrauen im Lande eingeladen wurden, damit sich sein Sohn eine Braut aussuchen möchte. Die zwei Stiefschwestern, als sie hörten, dass sie auch dabei erscheinen sollten, waren guter Dinge, riefen Aschenputtel und sprachen. »Kämm uns die Haare, bürste uns die Schuhe und mache uns die Schnallen fest, wir gehen zur Hochzeit auf des Königs Schloss.« Aschenputtel gehorchte, weinte aber, weil es auch gern zum Tanz mitgegangen wäre, und bat die Stiefmutter, sie möchte es ihm erlauben. »Du, Aschenputtel«, sprach sie, »bist voll Staub und Schmutz und willst zur Hochzeit? Du hast keine Kleider und Schuhe und willst tanzen!« Als es aber mit Bitten anhielt, sprach sie endlich: »Da habe ich dir eine Schüssel Linsen in

10

die Asche geschüttet; wenn du die Linsen in zwei Stunden wieder ausgelesen hast, so sollst du mitgehen.«Das Mädchen ging durch die Hintertür nach dem Garten und rief:»Ihr zahmen Täubchen, ihr Turteltäubchen, all ihr Vöglein unter dem Himmel, kommt und helft mir lesen,

> die guten ins Töpfchen,
> die schlechten ins Kröpfchen.«

Da kamen zum Küchenfenster zwei weiße Täubchen herein und danach die Turteltäubchen, und endlich schwirrten und schwärmten alle Vöglein unter dem Himmel herein und ließen sich um die Asche nieder. Und die Täubchen nickten mit den Köpfchen und fingen an pick, pick, pick, pick, und da fingen die übrigen auch an pick, pick, pick, pick und lasen alle guten Körnlein in die Schüssel. Kaum war eine Stunde herum, so waren sie schon fertig und flogen alle wieder hinaus. Da brachte das Mädchen die Schüssel der Stiefmutter, freute sich und glaubte, es dürfte nun mit auf die Hochzeit gehen. Aber sie sprach:»Nein, Aschenputtel, du hast keine Kleider, und kannst nicht tanzen: Du wirst nur ausgelacht.« Als es nun weinte, sprach sie:»Wenn du mir zwei Schüsseln voll Linsen in einer Stunde aus der Asche rein lesen kannst, so sollst du mitgehen«, und dachte:»Das kann es ja nimmermehr.« Als sie die zwei Schüsseln Linsen in die Asche geschüttet hatte, ging das Mädchen durch die Hintertür nach dem Garten und rief:»Ihr zahmen Täubchen, ihr Turteltäubchen, all ihr Vöglein unter dem Himmel, kommt und helft mir lesen,

> die guten ins Töpfchen,
> die schlechten ins Kröpfchen.«

Da kamen zum Küchenfenster zwei weiße Täubchen herein und danach die Turteltäubchen, und endlich schwirrten und schwärmten alle Vögel unter dem Himmel herein und ließen sich um die Asche nieder. Und die Täubchen nickten mit ihren Köpfchen und fingen an pick, pick, pick, pick, und da fingen die übrigen auch an pick, pick, pick, pick und lasen alle guten Körner in die Schüsseln. Und ehe eine halbe Stunde herum war, waren sie schon fertig und flogen alle wieder hinaus. Da trug das Mädchen die Schüsseln zu der Stiefmutter, freute sich und glaubte, nun dürfte es mit auf die Hochzeit gehen. Aber sie sprach: »Es hilft dir alles nichts: Du kommst nicht mit, denn du hast keine Kleider und kannst nicht tanzen; wir müssten uns deiner schämen.« Darauf kehrte sie ihm den Rücken zu und eilte mit ihren zwei stolzen Töchtern fort.

Als nun niemand mehr daheim war, ging Aschenputtel zu seiner Mutter Grab unter den Haselbaum und rief:

»Bäumchen, rüttel dich und schüttel dich,
wirf Gold und Silber über mich.«

Da warf ihm der Vogel ein golden und silbern Kleid herunter und mit Seide und Silber ausgestickte Pantoffeln. In aller Eile zog es das Kleid an und ging zur Hochzeit. Seine Schwestern aber und die Stiefmutter kannten es nicht und meinten, es müsse eine fremde Königstochter sein, so schön sah es in dem goldenen Kleide aus. An Aschenputtel dachten sie gar nicht und dachten, es säße daheim im Schmutz und suchte die Linsen aus der Asche. Der Königssohn kam ihm entgegen, nahm es bei der Hand und tanzte mit ihm. Er wollte auch sonst mit niemand tanzen, also dass er ihm die Hand nicht losließ, und wenn ein anderer kam, es aufzufordern, sprach er: »Das ist meine Tänzerin.«

Es tanzte, bis es Abend war, da wollte es nach Haus gehen. Der Königssohn aber sprach: »Ich gehe mit und begleite dich«, denn er wollte sehen, wem das schöne Mädchen angehörte. Sie entwischte ihm aber und sprang in das Taubenhaus. Nun wartete der Königssohn, bis der Vater kam, und sagte ihm, das fremde Mädchen wär in das Taubenhaus gesprungen. Der Alte dachte: »Sollte es Aschenputtel sein?«, und sie mussten ihm Axt und Hacken bringen, damit er das Taubenhaus entzweischlagen konnte; aber es war niemand darin. Und als sie ins Haus kamen, lag

Aschenputtel in seinen schmutzigen Kleidern in der Asche, und ein trübes Öllämpchen brannte im Schornstein; denn Aschenputtel war geschwind aus dem Taubenhaus hinten herabgesprungen, und war zu dem Haselbäumchen gelaufen: Da hatte es die schönen Kleider abgezogen und aufs Grab gelegt, und der Vogel hatte sie wieder weggenommen, und dann hatte es sich in seinem grauen Kittelchen in die Küche zur Asche gesetzt.

Am andern Tag, als das Fest von neuem anhub und die Eltern und Stiefschwestern wieder fort waren, ging Aschenputtel zu dem Haselbaum und sprach:

»Bäumchen, rüttel dich und schüttel dich,
wirf Gold und Silber über mich.«

Da warf der Vogel ein noch viel stolzeres Kleid herab als am vorigen Tag. Und als es mit diesem Kleide auf der Hochzeit erschien, erstaunte jedermann über seine Schönheit. Der Königssohn aber hatte gewartet, bis es kam, nahm es gleich bei der Hand und tanzte nur allein mit ihm. Wenn die andern kamen und es aufforderten, sprach er: »Das ist meine Tänzerin.« Als es nun Abend war, wollte es fort, und der Königssohn ging ihm nach und wollte sehen, in welches Haus es ging: Aber es sprang ihm fort und in den Garten hinter dem Haus. Darin stand ein schöner großer Baum, an dem die herrlichsten Birnen hingen, es kletterte so behend wie ein Eichhörnchen zwischen die Äste, und der Königssohn wusste nicht, wo es hingekommen war. Er wartete aber, bis der Vater kam, und sprach zu ihm: »Das fremde Mädchen ist mir entwischt, und ich glaube, es ist auf den Birnbaum gesprungen.« Der Vater dachte: »Sollte es Aschenputtel sein?«, ließ sich die Axt holen und hieb den Baum um, aber es war niemand darauf. Und als sie in die Küche kamen, lag Aschenputtel da in der Asche, wie sonst auch, denn es war auf der andern Seite vom Baum herabgesprungen, hatte dem Vogel auf dem Haselbäumchen die schönen Kleider wiedergebracht und sein graues Kittelchen angezogen.

Am dritten Tag, als die Eltern und Schwestern fort waren, ging Aschenputtel wieder zu seiner Mutter Grab und sprach zu dem Bäumchen:

»Bäumchen, rüttel dich und schüttel dich,
wirf Gold und Silber über mich.«

Nun warf ihm der Vogel ein Kleid herab, das war so prächtig und glänzend, wie es noch keins gehabt hatte, und die Pantoffeln waren ganz golden. Als es in dem Kleid zu der Hochzeit kam, wussten sie alle nicht, was sie vor Verwunderung sagen sollten. Der Königssohn tanzte ganz allein mit ihm, und wenn es einer aufforderte, sprach er:»Das ist meine Tänzerin.«

Als es nun Abend war, wollte Aschenputtel fort, und der Königssohn wollte es begleiten, aber es entsprang ihm so geschwind, dass er nicht folgen konnte. Der Königssohn hatte aber eine List gebraucht und hatte die ganze Treppe mit Pech bestreichen lassen: Da war, als es hinabsprang, der linke Pantoffel des Mädchens hängen geblieben. Der Königssohn hob ihn auf, und er war klein und zierlich und ganz golden.

Am nächsten Morgen ging er damit zu dem Mann und sagte zu ihm:»Keine andere soll meine Gemahlin werden als die, an deren Fuß dieser goldene Schuh passt.« Da freuten sich die beiden Schwestern, denn sie hatten schöne Füße. Die älteste ging mit dem Schuh in die Kammer und wollte ihn anprobieren, und die Mutter stand dabei. Aber sie konnte mit der großen Zehe nicht hineinkommen, und der Schuh war ihr zu klein. Da reichte ihr die Mutter ein Messer und sprach:»Hau die Zehe ab: Wann du Königin bist, so brauchst du nicht mehr zu Fuß zu gehen.« Das Mädchen hieb die Zehe ab, zwängte den Fuß in den Schuh, verbiss den Schmerz und ging heraus zum Königssohn. Da nahm er sie als seine Braut aufs Pferd und ritt mit ihr fort. Sie mussten aber an dem Grabe vorbei, da saßen die zwei Täubchen auf dem Haselbäumchen und riefen:

»Rucke di guck, rucke di guck,
Blut ist im Schuck (Schuh):
Der Schuck ist zu klein,
die rechte Braut sitzt noch daheim.«

Da blickte er auf ihren Fuß und sah, wie das Blut herausquoll. Er wendete sein Pferd um, brachte die falsche Braut wieder nach Hause und sagte, das wäre nicht die rechte, die andere Schwester solle den Schuh anziehen. Da ging diese in die Kammer und kam mit den Zehen glücklich in den Schuh, aber die Ferse war zu groß. Da reichte ihr die Mutter ein Messer und sprach: »Hau ein Stück von der Ferse ab: Wann du Königin bist, brauchst du nicht mehr zu Fuß zu gehen.« Das Mädchen hieb ein Stück von der Ferse ab, zwängte den Fuß in den Schuh, verbiss den Schmerz und ging heraus zum Königssohn. Da nahm er sie als seine Braut aufs Pferd und ritt mit ihr fort. Als sie an dem Haselbäumchen vorbeikamen, saßen die zwei Täubchen darauf und riefen:

»Rucke di guck, rucke di guck,
Blut ist im Schuck (Schuh):
Der Schuck ist zu klein,
die rechte Braut sitzt noch daheim.«

Er blickte nieder auf ihren Fuß und sah, wie das Blut aus dem Schuh quoll und an den weißen Strümpfen ganz rot heraufgestiegen war. Da wendete er sein Pferd und brachte die falsche Braut wieder nach Haus. »Das ist auch nicht die rechte«, sprach er, »habt ihr keine andere Tochter?« »Nein«, sagte der Mann, »nur von meiner verstorbenen Frau ist noch ein kleines verbuttetes Aschenputtel da: Das kann unmöglich die Braut sein.« Der Königssohn sprach, er sollte es heraufschicken, die Mutter aber antwortete: »Ach nein, das ist viel zu schmutzig, das darf sich nicht sehen lassen.« Er wollte es aber durchaus haben, und Aschenputtel musste gerufen werden. Da wusch es sich erst Hände und Angesicht rein, ging dann hin und neigte sich vor dem Königssohn, der ihm den goldenen Schuh reichte. Dann setzte es sich auf einen Schemel, zog den Fuß aus dem schweren Holzschuh und steckte ihn in den Pantoffel, der war wie angegossen. Und als es sich in die Höhe richtete und der König ihm ins Gesicht sah, so erkannte er das schöne Mädchen, das mit ihm getanzt hatte, und rief:»Das ist die rechte Braut.« Die Stiefmutter und die beiden Schwestern erschraken und wurden bleich vor Ärger. Er aber nahm Aschenputtel aufs Pferd und ritt mit ihm fort. Als sie an dem Haselbäumchen vorbeikamen, riefen die zwei weißen Täubchen:

>>Rucke di guck, rucke di guck,
kein Blut im Schuck:
Der Schuck ist nicht zu klein,
die rechte Braut, die führt er heim.«

Und als sie das gerufen hatten, kamen sie beide herabgeflogen und setzten sich dem Aschenputtel auf die Schultern, eine rechts, die andere links, und blieben da sitzen.

Als die Hochzeit mit dem Königssohn sollte gehalten werden, kamen die falschen Schwestern, wollten sich einschmeicheln und teil an seinem Glück nehmen. Als die Brautleute nun zur Kirche gingen, war die älteste zur rechten, die jüngste zur linken Seite: Da pickten die Tauben einer jeden das eine Auge aus. Hernach, als sie herausgingen, war die älteste zur linken und die jüngste zur rechten: Da pickten die Tauben einer jeden das andere Auge aus. Und waren sie also für ihre Bosheit und Falschheit mit Blindheit auf ihr Lebtag bestraft.

Zu diesem Märchen

Märchen vom Typ »Aschenputtel« sind weltweit bekannt und gehören zu den beliebtesten überhaupt. Auf Italienisch »Cenerentola«, auf Französisch »Cendrillon«, auf Englisch »Cinderella«, auf Griechisch »Stachtopouta«: In ganz Europa belegt ihr Name das anfängliche Aschenleben der geknechteten Titelheldin. »Aschenbrödel« heißt sie in Ludwig Bechsteins »Deutschem Märchenbuch«, einer Fassung, welche deutlich von der Grimm'schen abhängt.

Einige Motive in »Aschenputtel«-Geschichten gelten als sehr alt. Dennoch entdecken Hörer und Hörerinnen darin bis heute starke Wirklichkeitsbezüge, etwa in der Art, wie das Mädchen in der Familie gemobbt wird, oder im meist abwesenden und verständnislosen Vater, der die Tochter vor dem Königssohn verleugnet. Trotz großer Lebensnähe ist »Aschenputtel« aber dank allem, was aus dem Grab der toten Mutter erwächst, ein echtes Zaubermärchen: mit Versen, welche bei den zeitlich unlösbaren Aufgaben magische Hilfe herbeirufen, mit dem Kleider spendenden Baum und den sprechenden Tierzeugen, die den Königssohn auf die verstümmelten Füße hinweisen.

Die Brüder Grimm haben uns »Aschenputtel« in dieser von Wilhelm erweiterten und umgearbeiteten Form hinterlassen, in der Ausgabe letzter Hand ihrer »Kinder- und Hausmärchen« (1857). Im Erstdruck von 1812 war die Nähe zu Charles Perraults berühmten Märchen »Cendrillon ou la petite pantoufle de verre« noch viel deutlicher spürbar. Das frühe Aschenputtel »ging« da nicht zum Fest, sondern fuhr in prächtigen Wagen, begleitet von Bedienten. Aus dem allzu französisch klingenden »Prinzen« des Erstdrucks machte Wilhelm Grimm in der zweiten Auflage (1819) einen Königssohn.

1697 hatte Perraults Patenfee, 1812 hatten Grimms Tauben die Heldin ermahnt, den Ball vor Mitternacht zu verlassen; anderenfalls würden die schönen Kleider, Wagen und Pferde verschwinden und sie wieder im Aschenkleid dastehen. Dieses Missgeschick widerfährt Aschenputtel ab der zweiten, verbesserten Auflage der »Kinder- und Hausmärchen« nicht mehr. Sie weiß nun selbst, wann sie weglaufen sollte, hat überhaupt ein viel besser ausgeprägtes Selbstbewusstsein als ihre französische Vorfahrin und versteht umso besser, einen erfolgsverwöhnten Königssohn an sich zu binden.

Dieser muss sich nach deutscher Lesart mit List (Pechfalle) und eigenem Einsatz um sie bemühen. Beim Hören sicherlich irritierend, aber märchengerecht ist, dass er sich zweimal täuschen lässt und »seine« Tänzerin nur am passenden Schuh wiedererkennt. Seelische Vorgänge werden im Märchen immer verbildlicht. Der Schuh dient als äußeres, greifbares Erkennungszeichen. Weit klarer als die schönen, aber austauschbaren Kleider symbolisieren Aschenputtels kleine Füße und Schuhe ihre wesenhafte, unverwechselbare Schönheit.[1]

In Grimms Märchen wird unrechtes Verhalten schwer bestraft, sofern es von den Widersachern des Helden oder der Heldin ausgeht – aber letztere strafen nicht selbst. Wie grausam wirkt die Blendung der beiden Schwestern, die bereits verstümmelte Füße haben! Ist auch die Stiefmutter durch ihre Töchter gestraft? Im Erstdruck hieß es nur: »Die Stiefmutter und die zwei stolzen Schwestern erschraken und wurden bleich«, und das Märchen endete mit dem freudigen Ruf der Tauben. Bei Perrault gab es weder Selbstverstümmelung noch Bestrafung; Cendrillon selbst verheiratete ihre reumütigen Stiefschwestern mit Edelmännern.

Grimms Aschenputtel weiß sich magische Hilfe zu sichern, handelt eigenständig und zielgerichtet, während Perraults Cendrillon weint, stottert und sich auf ihre Patenfee und deren Zauberstab verlässt. Auf die französische Märchenheldin und auf amerikanische Nachfolgemodelle zielt die Kritik weiblicher »Unbeweglichkeit«, einer regelrecht antrainierten Angst vor der Unabhängigkeit, so in Colette Dowlings populärwissenschaftli-

---

1 Barbara Gobrecht: Kleid und Schuh im Aschenputtel-Märchen. In: Vom Schicksalsfaden zum Sternenkleid. Kleider und Textilien im Märchen. Herausgegeben von Barbara Gobrecht. Winterthur 2002.

chem Buch »Der Cinderella-Komplex«.[2] Auf Perraults Fassung basieren meist auch die amerikanischen, oft kitschigen Verfilmungen des nachhaltig populären Erzählstoffs, ja häufig werden Geschichten vom Strickmuster »Armes Mädchen angelt sich Millionär« als »Hollywood-Aschenputtel-Varianten« verkauft, etwa der Liebesfilm »Pretty Woman« (1990). Solche Nähe zum Kitsch haftet Grimms schönem Märchen nicht an.

Ein Tanzmärchen, voll von Kleider- und Schuhsymbolik, ist die Geschichte bis heute geblieben, geradezu ein Traummärchen: Glückstraum sozial Entrechteter von erhöhter Niedrigkeit.[3]

---

2 Colette Dowling: Der Cinderella-Komplex. Die heimliche Angst der Frauen vor der Unabhängigkeit, Frankfurt am Main 1987; Barbara Gobrecht: Wünsche, die in Erfüllung gehen. Von Patenfeen und Wunschbäumen. In: Der Wunsch im Märchen. Heimat und Fremde im Märchen. Herausgegeben von Barbara Gobrecht, Harlinda Lox und Thomas Bücksteeg. München 2003.
3 Enzyklopädie des Märchens. Handwörterbuch zur historischen und vergleichenden Erzählforschung. Band 3: Cinderella (Rainer Wehse).

Der Bärenhäuter

Es war einmal ein junger Kerl, der ließ sich als Soldat anwerben, hielt sich tapfer und war immer der Vorderste, wenn es blaue Bohnen regnete. Solange der Krieg dauerte, ging alles gut, aber als Friede geschlossen war, erhielt er seinen Abschied, und der Hauptmann sagte, er könnte gehen, wohin er wollte. Seine Eltern waren tot, und er hatte keine Heimat mehr, da ging er zu seinen Brüdern und bat, sie möchten ihm so lange Unterhalt geben, bis der Krieg wieder anfinge. Die Brüder aber waren hartherzig und sagten: »Was sollen wir mit dir? Wir können dich nicht brauchen, sieh zu, wie du dich durchschlägst.«

Der Soldat hatte nichts übrig als sein Gewehr, das nahm er auf die Schulter und wollte in die Welt gehen. Er kam auf eine große Heide, auf der nichts zu sehen war als ein Ring von Bäumen; darunter setzte er sich ganz traurig nieder und sann über sein Schicksal nach. »Ich habe kein Geld«, dachte er, »ich habe nichts gelernt als das Kriegshandwerk, und jetzt, weil Friede geschlossen ist, brauchen sie mich nicht mehr; ich sehe voraus, ich muss verhungern.« Auf einmal hörte er ein Brausen, und wie er sich umblickte, stand ein unbekannter Mann vor ihm, der einen grünen Rock trug, recht stattlich aussah, aber einen garstigen Pferdefuß hatte. »Ich weiß schon, was dir fehlt«, sagte der Mann, »Geld und Gut sollst du haben, soviel du mit aller Gewalt durchbringen kannst, aber ich muss zuvor wissen, ob du dich nicht fürchtest, damit ich mein Geld nicht umsonst ausgebe.« »Ein Soldat und Furcht, wie passt das zusammen?«, antwortete er, »du kannst mich auf die Probe stellen.« »Wohlan«, antwortete der Mann, »schau hinter dich.« Der Soldat kehrte sich um und sah einen großen Bär, der brummend auf ihn zutrabte. »Oho«, rief der Soldat, »dich will

ich an der Nase kitzeln, dass dir die Lust zum Brummen verge-
hen soll«, legte an und schoss dem Bär auf die Schnauze, dass er
zusammenfiel und sich nicht mehr regte. »Ich sehe wohl«, sagte
der Fremde, »dass dir's an Mut nicht fehlt, aber es ist noch eine
Bedingung dabei, die musst du erfüllen.« »Wenn mir's an meiner
Seligkeit nicht schadet«, antwortete der Soldat, der wohl merkte,
wen er vor sich hatte, »sonst lass ich mich auf nichts ein.« »Das
wirst du selber sehen«, antwortete der Grünrock, »du darfst in den
nächsten sieben Jahren dich nicht waschen, dir Bart und Haare
nicht kämmen, die Nägel nicht schneiden und kein Vaterunser
beten. Dann will ich dir einen Rock und Mantel geben, den musst
du in dieser Zeit tragen. Stirbst du in diesen sieben Jahren, so bist
du mein, bleibst du aber leben, so bist du frei und bist reich dazu
für dein Lebtag.« Der Soldat dachte an die große Not, in der er
sich befand, und da er so oft in den Tod gegangen war, wollte er
es auch jetzt wagen und willigte ein. Der Teufel zog den grünen
Rock aus, reichte ihn dem Soldaten hin und sagte: »Wenn du den
Rock an deinem Leibe hast und in die Tasche greifst, so wirst du
die Hand immer voll Geld haben.« Dann zog er dem Bären die
Haut ab und sagte: »Das soll dein Mantel sein und auch dein Bett,
denn darauf musst du schlafen und darfst in kein anderes Bett
kommen. Und dieser Tracht wegen sollst du Bärenhäuter heißen.«
Hierauf verschwand der Teufel.

Der Soldat zog den Rock an, griff gleich in die Tasche und
fand, dass die Sache ihre Richtigkeit hatte. Dann hing er die Bärenhaut um, ging in die Welt, war guter Dinge und unterließ
nichts, was ihm wohl und dem Gelde wehe tat. Im ersten Jahr
ging es noch leidlich, aber in dem zweiten sah er schon aus wie
ein Ungeheuer. Das Haar bedeckte ihm fast das ganze Gesicht,
sein Bart glich einem Stück grobem Filztuch, seine Finger hatten
Krallen, und sein Gesicht war so mit Schmutz bedeckt, dass, wenn
man Kresse hineingesät hätte, sie aufgegangen wäre. Wer ihn sah,

lief fort, weil er aber allerorten den Armen Geld gab, damit sie für ihn beteten, dass er in den sieben Jahren nicht stürbe, und weil er alles gut bezahlte, so erhielt er doch immer noch Herberge. Im vierten Jahr kam er in ein Wirtshaus, da wollte ihn der Wirt nicht aufnehmen und wollte ihm nicht einmal einen Platz im Stall anweisen, weil er fürchtete, seine Pferde würden scheu werden. Doch als der Bärenhäuter in die Tasche griff und eine Handvoll Dukaten herausholte, so ließ der Wirt sich erweichen und gab ihm eine Stube im Hintergebäude; doch musste er versprechen, sich nicht sehen zu lassen, damit sein Haus nicht in bösen Ruf käme.

Als der Bärenhäuter abends allein saß und von Herzen wünschte, dass die sieben Jahre herum wären, so hörte er in einem Nebenzimmer ein lautes Jammern. Er hatte ein mitleidiges Herz, öffnete die Türe und erblickte einen alten Mann, der heftig weinte und die Hände über dem Kopf zusammenschlug. Der Bärenhäuter trat näher, aber der Mann sprang auf und wollte entfliehen. Endlich, als er eine menschliche Stimme vernahm, ließ er sich bewegen, und durch freundliches Zureden brachte es der Bärenhäuter dahin, dass er ihm die Ursache seines Kummers offenbarte. Sein Vermögen war nach und nach geschwunden, er und seine Töchter mussten darben, und er war so arm, dass er den Wirt nicht einmal bezahlen konnte und ins Gefängnis sollte gesetzt werden. »Wenn Ihr weiter keine Sorgen habt«, sagte der Bärenhäuter, »Geld habe ich genug.« Er ließ den Wirt herbeikommen, bezahlte ihn und steckte dem Unglücklichen noch einen Beutel voll Gold in die Tasche.

Als der alte Mann sich aus seinen Sorgen erlöst sah, wusste er nicht, womit er sich dankbar beweisen sollte. »Komm mit mir«, sprach er zu ihm, »meine Töchter sind Wunder von Schönheit, wähle dir eine davon zur Frau. Wenn sie hört, was du für mich getan hast, so wird sie sich nicht weigern. Du siehst freilich ein wenig seltsam aus, aber sie wird dich schon wieder in Ordnung bringen.« Dem Bärenhäuter gefiel das wohl, und er ging mit.

Als ihn die älteste erblickte, entsetzte sie sich so gewaltig vor seinem Antlitz, dass sie aufschrie und fortlief. Die zweite blieb zwar stehen und betrachtete ihn, von Kopf bis zu Füßen, dann aber sprach sie: »Wie kann ich einen Mann nehmen, der keine menschliche Gestalt mehr hat? Da gefiel mir der rasierte Bär noch besser, der einmal hier zu sehen war und sich für einen Menschen ausgab, der hatte doch einen Husarenpelz an und weiße Handschuhe. Wenn er nur hässlich wäre, so könnte ich mich an ihn gewöhnen.« Die jüngste aber sprach: »Lieber Vater, das muss ein guter Mann sein, der Euch aus der Not geholfen hat, habt Ihr ihm dafür eine Braut versprochen, so muss Euer Wort gehalten werden.«

Es war schade, dass das Gesicht des Bärenhäuters von Schmutz und Haaren bedeckt war, sonst hätte man sehen können, wie ihm das Herz im Leibe lachte, als er diese Worte hörte. Er nahm einen Ring von seinem Finger, brach ihn entzwei und gab ihr die eine Hälfte, die andere behielt er für sich. In ihre Hälfte aber schrieb er seinen Namen, und in seine Hälfte schrieb er ihren Namen und bat sie, ihr Stück gut aufzuheben. Hierauf nahm er Abschied und sprach: »Ich muss noch drei Jahre wandern. Komm ich aber nicht wieder, so bist du frei, weil ich dann tot bin. Bitte aber Gott, dass er mir das Leben erhält.«

Die arme Braut kleidete sich ganz schwarz, und wenn sie an ihren Bräutigam dachte, so kamen ihr die Tränen in die Augen. Von ihren Schwestern ward ihr nichts als Hohn und Spott zuteil. »Nimm dich in acht«, sagte die älteste, »wenn du ihm die Hand reichst, so schlägt er dir mit der Tatze darauf.« »Hüte dich«, sagte die zweite, »die Bären lieben die Süßigkeit, und wenn du ihm gefällst, so frisst er dich auf.« »Du musst nur immer seinen Willen tun«, hub die älteste wieder an, »sonst fängt er an zu brummen.«

Und die zweite fuhr fort: »Aber die Hochzeit wird lustig sein, Bären, die tanzen gut.« Die Braut schwieg still und ließ sich nicht irre machen.

Der Bärenhäuter aber zog in der Welt herum, von einem Ort zum andern, tat Gutes, wo er konnte, und gab den Armen reichlich, damit sie für ihn beteten. Endlich, als der letzte Tag von den sieben Jahren anbrach, ging er wieder hinaus auf die Heide und setzte sich unter den Ring von Bäumen. Nicht lange, so sauste der Wind, und der Teufel stand vor ihm und blickte ihn verdrießlich an; dann warf er ihm den alten Rock hin und verlangte seinen grünen zurück. »So weit sind wir noch nicht«, antwortete der Bärenhäuter, »erst sollst du mich reinigen.« Der Teufel mochte wollen oder nicht, er musste Wasser holen, den Bärenhäuter abwaschen, ihm die Haare kämmen und die Nägel schneiden. Hierauf sah er wie ein tapferer Kriegsmann aus und war viel schöner als je vorher.

Als der Teufel glücklich abgezogen war, so war es dem Bärenhäuter ganz leicht ums Herz. Er ging in die Stadt, tat einen prächtigen Sammetrock an, setzte sich in einen Wagen, mit vier Schimmeln bespannt, und fuhr zu dem Haus seiner Braut. Niemand erkannte ihn, der Vater hielt ihn für einen vornehmen Feldobrist[4] und führte ihn in das Zimmer, wo seine Töchter saßen. Er musste sich zwischen den beiden ältesten niederlassen; sie schenkten ihm Wein ein, legten ihm die besten Bissen vor und meinten, sie hätten keinen schönern Mann auf der Welt gesehen. Die Braut aber saß in schwarzem Kleide ihm gegenüber, schlug die Augen nicht auf und sprach kein Wort. Als er endlich den Vater fragte, ob er ihm eine seiner Töchter zur Frau geben wollte, so sprangen die beiden ältesten auf, liefen in ihre Kammer und wollten prächtige Kleider anziehen, denn eine jede bildete sich ein, sie wäre die

---

4 Obrist: veraltet für Oberst.

Auserwählte. Der Fremde, sobald er mit seiner Braut allein war, holte den halben Ring hervor und warf ihn in einen Becher mit Wein, den er ihr über den Tisch reichte. Sie nahm ihn an, aber als sie getrunken hatte und den halben Ring auf dem Grund liegen fand, so schlug ihr das Herz. Sie holte die andere Hälfte, die sie an einem Band um den Hals trug, hielt sie daran, und es zeigte sich, dass beide Teile vollkommen zueinander passten. Da sprach er: »Ich bin dein verlobter Bräutigam, den du als Bärenhäuter gesehen hast, aber durch Gottes Gnade habe ich meine menschliche Gestalt wiedererhalten und bin wieder rein geworden.« Er ging auf sie zu, umarmte sie und gab ihr einen Kuss.

Indem kamen die beiden Schwestern in vollem Putz herein, und als sie sahen, dass der schöne Mann der jüngsten zuteil geworden war, und hörten, dass das der Bärenhäuter war, liefen sie voll Zorn und Wut hinaus; die eine ersäufte sich im Brunnen, die andere erhenkte sich an einem Baum. Am Abend klopfte jemand an der Türe, und als der Bräutigam öffnete, so war's der Teufel im grünen Rock, der sprach: »Siehst du, nun habe ich zwei Seelen für deine eine.«

Zu diesem Märchen
Ein schmutziges, verspottetes Aschenputtel wird Königsbraut. Ein Ungewaschener, der arme, verabschiedete Soldat, erscheint als vornehmer Feldobrist und heiratet die für ihn einzig Richtige, wie die Ringhälften zeigen: Beide passen vollkommen zueinander. So hat es Wilhelm Grimm formuliert, und so hören wir das schöne, aber weniger bekannte Märchen in der Fassung letzter Hand von 1857. Für die vorliegende Sammlung wurden besonders Texte ausgewählt, die nur in der »Großen Ausgabe« zu finden sind. Diese sind im Allgemeinen nicht so geläufig, denn Wilhelm Grimm übernahm sie nicht in seine »Kleine Ausgabe«, die sich ab 1825 konsequent und sehr erfolgreich an ein kindliches Publikum wandte.

»Der Bärenhäuter« gilt als eine der ältesten Aufzeichnungen eines deutschsprachigen Märchens. Wer sich die Bärenhaut umhängen muss, führt nach alten Redensarten ein faules, tatenloses Leben, und »auf der faulen Bärenhaut liegen«, also das Nichtstun, korrumpiert. Ab dem 16. Jahrhundert schalt man Faulenzer häufig »Bärenhäuter«.[5] Der Ausdruck gefiel den Grimms; sie fanden die Idee schon bei Tacitus und verwendeten den Begriff auch in ihrem Märchen »Die Goldkinder«, einer Variante von »Die zwei Brüder«.

1815 hatten sie das spätere »Bärenhäuter«-Märchen unter dem Titel »Der Teufel Grünrock« veröffentlicht. Es war viel naiver erzählt und der Held noch kein furchtloser Soldat, sondern ein jüngster Bruder, der vor Hunger weint, woraufhin der Teufel erscheint. Erst 1843 fügte Wilhelm das Bärenhäuter-Motiv nach einer Erzählung des deutschen Barockdichters von Grimmelshausen ein. Gleichzeitig formulierte er das Märchen sorgfältig um, gestaltete es literarischer und gefühlvoller. Ein für Wilhelm Grimm typischer Zusatz informiert nun die Märchenhörer über den seelischen Zustand des Helden: »Es war schade, dass das Gesicht des Bärenhäuters von Schmutz und Haaren bedeckt war, sonst hätte man sehen können, wie ihm das Herz im Leibe lachte, als er diese Worte hörte.« »Der Bärenhäuter« ist ein gutes Beispiel Grimm'scher Erzählkunst in späteren Auflagen der »Kinder- und Hausmärchen« (KHM). Seine Qualität zeigt sich auch beim Vergleich mit Ludwig Bechsteins sehr vergröbernder Nachahmung »Rupert, der Bärenhäuter«.

Auf den Teufel trifft der Held in Volkserzählungen oft. An einem tierischen Körperteil – hier am Pferdefuß – erkennt er ihn auch in menschlicher Erscheinung sofort. Märchen- und Sagenhelden können durch einen Teufelspakt zu Reichtum kommen, doch müssen sie dem Mann mit dem Pferdefuß ihre Seele ver-

---

5 Bärenhaut. In: Lutz Röhrich: Lexikon der sprichwörtlichen Redensarten. Freiburg – Basel – Wien 1999. Band 1, S. 148-151.

schreiben. Aus bitterer Not geht unser Soldat auf das unheimliche Angebot ein. Der Teufel führt ihn in Versuchung, bietet ihm irdischen Besitz und damit Mittel zur Verschwendung, um ihn seelisch zu verderben.[6] Er verbietet ihm außer dem Waschen auch das Beten, aber der Bärenhäuter lässt für sich beten – ausgerechnet mit dem Geld, das er vom Teufel erhält! Das ist schwankhaft. Der wunderbare Geldzauber hingegen erinnert an Wunschbörsen in klassischen Zaubermärchen. Geld oder Gold ohne Ende: Märchen sind Wunschdichtung.

Wilhelm Grimm hat diesen Teufel weitgehend entdämonisiert, zwingt seit der fünften Auflage (1843) den wasserscheuen Bösen, den Bärenhäuter selbst zu reinigen. Immerhin wird dem Mann im grünen Rock ein »Achtungserfolg« gegönnt: Er bekommt die Seelen der älteren Schwestern. Deren Boshaftigkeit und Bereitschaft zur Sünde (Selbstmord) hat Wilhelm deutlicher herausgearbeitet, auch die christlichen Bezüge (»durch Gottes Gnade«), welche gemäß Märchenlogik unnötig beziehungsweise überflüssig sind.

Vertieft und verfeinert erscheint die Jüngste, die treue Braut im schwarzen Kleid. Nicht Dankbarkeit und Gehorsam gegenüber dem Vater motivieren sie in den späteren Fassungen, sich dem Bärenhäuter zu verloben, sondern ihr Gespür für seine inneren Werte. Den schönen Bräutigam erkennt sie märchentypisch am Ring. Der Ring als Liebes- und Ehesymbol verkörpert den Grundwert der Treue. Treue war für die Grimms eine Tugend von hohem Wert: siehe ihre Märchen »Der Trommler« und »Die Zwei Brüder«.

Wilhelm Grimms Verwandlung eines Jüngsten in einen Soldaten und Bärenhäuter hat das Märchen »männlicher« gemacht. Doch auch Kinder lieben es, von einem zu hören, der sich sieben Jahre lang nicht waschen darf.

---

6 Dietz-Rüdiger Moser: Christliche Märchen. Zur Geschichte, Sinngebung und Funktion einiger »Kinder- und Hausmärchen« der Brüder Grimm. In: Gott im Märchen. Herausgegeben von Jürgen Janning u. a. Kassel 1982, S. 105.

Die drei Raben

Es war einmal eine Mutter, die hatte drei Söhnlein, die spielten während der Kirche Karten. Und als die Predigt vorbei war, schalt die Mutter ihre Gottlosigkeit und fluchte ihnen. Da wurden sie drei schwarze Raben und flogen weg.

Ihr Schwesterchen war betrübt und wollte sie suchen. Es hatte sich ein Stühlchen mitgenommen, worauf es in dem weiten Weg ruhte, und aß nichts als Äpfel und Birnen die ganze Zeit. Es konnte aber die drei Raben immer nicht finden, doch war einmal einer über seinem Kopf hingeflogen und hatte einen Ring fallen lassen, welchen das Schwesterchen einesmals dem jüngsten Bruder geschenkt hatte.

Endlich kam es an der Welt Ende und ging zur Sonne, die war aber gar heiß und fraß die Kinder. Darauf reiste es in den Mond, der war auch bös und sprach: »Ich rieche Menschenfleisch.« Da kamen alle Sterne mit ihren Repositoren[7], und der Mond gab ihm ein Hinkelbeinchen[8], ohne das könnte es nicht in die Glasburg kommen, wo seine Brüder wären. Da nahm das Schwesterchen das Hinkelbeinchen und wickelte es wohl in ein Tüchelchen und ging fort, bis es ans Tor der gläsernen Burg kam. Und wie es das Hinkelbeinchen hervorsuchen wollte, da hatte es dasselbe unterwegs verloren. Da wusste es nicht, wie es sich helfen sollte, und schnitt sich zuletzt ein Fingerchen ab und schloss das Tor auf. Da kam ein Zwerg entgegen und sprach: »Die Herren Raben sind nicht zu Haus.« Der Zwerg brachte drei Tellerchen und drei Becherchen, und die Schwester aß aus jedem ein bisschen und

---

7 So in der handschriftlichen Urfassung. In der Erstausgabe von 1812 sitzen die Sterne, besser verständlich, »auf Stühlerchen«.
8 Vermutlich ein Hühnerbeinchen (»Hinkel« = hessisch für Huhn/Hahn).

trank aus jedem ein wenig und ließ das Ringlein daneben liegen. Da hörte es in der Luft fliegen, und das Zwerglein sprach wieder: »Die Herren Raben kommen heimgeflogen.« Die Raben fragten jeder: »Wer hat aus meinem Tellerchen gegessen? Wer hat aus meinem Becherchen getrunken?«

Endlich erkannten sie aber das Schwesterchen an dem Ring, und da waren sie wieder erlöst und gingen heim.

Die sieben Raben

Ein Mann hatte sieben Söhne und immer noch kein Töchterchen, so sehr er sich's auch wünschte. Endlich gab ihm seine Frau wieder gute Hoffnung zu einem Kinde, und wie's zur Welt kam, war es auch ein Mädchen. Die Freude war groß, aber das Kind war schmächtig und klein und sollte wegen seiner Schwachheit die Nottaufe haben. Der Vater schickte einen der Knaben eilends zur Quelle, Taufwasser zu holen; die andern sechs liefen mit, und weil jeder der erste beim Schöpfen sein wollte, so fiel ihnen der Krug in den Brunnen. Da standen sie und wussten nicht, was sie tun sollten, und keiner getraute sich heim. Als sie immer nicht zurückkamen, ward der Vater ungeduldig und sprach: »Gewiss haben sie's wieder über ein Spiel vergessen, die gottlosen Jungen.« Es ward ihm angst, das Mädchen müsste ungetauft verscheiden, und im Ärger rief er: »Ich wollte, dass die Jungen alle zu Raben würden.« Kaum war das Wort ausgeredet, so hörte er ein Geschwirr über seinem Haupt in der Luft, blickte in die Höhe und sah sieben kohlschwarze Raben auf- und davonfliegen.

Die Eltern konnten die Verwünschung nicht mehr zurücknehmen, und so traurig sie über den Verlust ihrer sieben Söhne waren, trösteten sie sich doch einigermaßen durch ihr liebes Töchterchen, das bald zu Kräften kam und mit jedem Tage schöner ward. Es wusste lange Zeit nicht einmal, dass es Geschwister gehabt hatte, denn die Eltern hüteten sich, ihrer zu erwähnen, bis es eines Tags von ungefähr die Leute von sich sprechen hörte, das Mädchen wäre wohl schön, aber doch eigentlich schuld an dem Unglück seiner sieben Brüder. Da ward es ganz betrübt, ging zu Vater und Mutter und fragte, ob es denn Brüder gehabt hätte und wo sie hingeraten wären. Nun durften die Eltern das Geheimnis nicht länger verschweigen, sagten jedoch, es sei so des Himmels Verhängnis und seine Geburt nur der unschuldige Anlass gewesen.

Allein das Mädchen machte sich täglich ein Gewissen daraus und glaubte, es müsste seine Geschwister wieder erlösen. Es hatte nicht Ruhe und Rast, bis es sich heimlich aufmachte und in die weite Welt ging, seine Brüder irgendwo aufzuspüren und zu befreien, es möchte kosten, was es wollte. Es nahm nichts mit sich als ein Ringlein von seinen Eltern zum Andenken, einen Laib Brot für den Hunger, ein Krüglein Wasser für den Durst und ein Stühlchen für die Müdigkeit.

Nun ging es immerzu, weit, weit, bis an der Welt Ende. Da kam es zur Sonne, aber die war zu heiß und fürchterlich und fraß die kleinen Kinder. Eilig lief es weg und lief hin zu dem Mond, aber der war gar zu kalt und auch grausig und bös, und als er das Kind merkte, sprach er: »Ich rieche, rieche Menschenfleisch.« Da machte es sich geschwind fort und kam zu den Sternen, die waren ihm freundlich und gut, und jeder saß auf seinem besonderen Stühlchen. Der Morgenstern aber stand auf, gab ihm ein Hinkelbeinchen und sprach: »Wenn du das Beinchen nicht hast, kannst du den Glasberg nicht aufschließen, und in dem Glasberg, da sind deine Brüder.«

Das Mädchen nahm das Beinchen, wickelte es wohl in ein Tüchlein, und ging wieder fort, so lange, bis es an den Glasberg kam. Das Tor war verschlossen, und es wollte das Beinchen hervorholen, aber wie es das Tüchlein aufmachte, so war es leer, und es hatte das Geschenk der guten Sterne verloren. Was sollte es nun anfangen? Seine Brüder wollte es erretten und hatte keinen Schlüssel zum Glasberg. Das gute Schwesterchen nahm ein Messer, schnitt sich ein kleines Fingerchen ab, steckte es in das Tor und schloss glücklich auf. Als es eingegangen war, kam ihm ein Zwerglein entgegen, das sprach: »Mein Kind, was suchst du?« »Ich suche meine Brüder, die sieben Raben«, antwortete es. Der Zwerg sprach: »Die Herren Raben sind nicht zu Haus, aber willst du hier so lang warten, bis sie kommen, so tritt ein.« Darauf trug das Zwerglein die Speise der Raben herein auf sieben Tellerchen und in sieben Becherchen, und von jedem Tellerchen aß das Schwesterchen ein Bröckchen, und aus jedem Becherchen trank es ein Schlückchen; in das letzte Becherchen aber ließ es das Ringlein fallen, das es mitgenommen hatte.

Auf einmal hörte es in der Luft ein Geschwirr und ein Geweh, da sprach das Zwerglein: »Jetzt kommen die Herren Raben heimgeflogen.« Da kamen sie, wollten essen und trinken, und suchten ihre Tellerchen und Becherchen. Da sprach einer nach dem andern: »Wer hat von meinem Tellerchen gegessen? Wer hat aus meinem Becherchen getrunken? Das ist eines Menschen Mund gewesen.« Und wie der siebente auf den Grund des Bechers kam, rollte ihm das Ringlein entgegen. Da sah er es an und erkannte, dass es ein Ring von Vater und Mutter war, und sprach: »Gott gebe, unser Schwesterlein wäre da, so wären wir erlöst.« Wie das Mädchen, das hinter der Türe stand und lauschte, den Wunsch hörte, so trat es hervor, und da bekamen alle die Raben ihre menschliche Gestalt wieder. Und sie herzten und küssten einander und zogen fröhlich heim.

Zu diesen beiden Märchen

Nach einem Frauen- und einem Männermärchen kommt ein klassisches Kindermärchen, und zwar als »Vorher-« und als »Nach-

31

hermodell«. »Die drei Raben« folgen der handschriftlichen Urfassung von 1810, erscheinen hier aber orthographisch verbessert, außerdem, wie alle Texte dieser Auswahl, sprachlich behutsam modernisiert und, aus Gründen der Leserfreundlichkeit, in mehr Absätze unterteilt. »Die sieben Raben« stammen aus der Ausgabe letzter Hand von 1857.

Glücklicherweise hat der Dichter Clemens Brentano die Originalniederschriften, welche ihm die Brüder Grimm im Oktober 1810 wunschgemäß nach Berlin geschickt hatten, bis zu seinem Tod 1842 aufbewahrt. Aus Brentanos Nachlass gelangten die kostbaren Märchenhandschriften ins Trappistenkloster Ölenberg im Elsass, wo sie erst nach dem Ersten Weltkrieg entdeckt wurden. 1953 in New York versteigert, befinden sie sich heute in der Bibliothek Bodmer in der Schweiz. Vergleiche zwischen Texten dieser »Ölenberger Handschrift«, den Erstdrucken der »Kinder- und Hausmärchen«, der zweiten, vermehrten und verbesserten Auflage von 1819 und der »Großen Ausgabe« von 1857 erlauben spannende Einblicke in die Märchenwerkstatt der Brüder Grimm und interessante Aufschlüsse über ihre Bearbeitungsmethoden.

»Die drei Raben« sind uns in Jacobs Handschrift überliefert. Die Druckfassung von 1812 hat Wilhelm bearbeitet. Ab der Zweitauflage wurde der Anfang ersetzt durch eine Fassung aus einer Wiener Erzählung, die Jacob 1815 zugekommen sein dürfte.[9] Seither sind es sieben Söhne, die nach Taufwasser laufen, und es ist ihr Vater, der sie verwünscht. Schon diese Verwünschungsszene zeigt, wie Wilhelm Grimm an den Märchentexten feilte und immer wieder um eine treffende Formulierung rang. In

---

9 Die älteste Märchensammlung der Brüder Grimm. Synopse der handschriftlichen Urfassung von 1810 und der Erstdrucke von 1812. Herausgegeben und erläutert von Heinz Rölleke. Cologny-Genève 1975, S. 226 und 377; Brüder Grimm: Kinder- und Hausmärchen. Ausgabe letzter Hand mit den Originalanmerkungen der Brüder Grimm. Herausgegeben von Heinz Rölleke. Stuttgart 1980. Band 3, S. 453.

der Ölenberger Handschrift »schalt die Mutter ihre Gottlosigkeit und fluchte ihnen«. Im Erstdruck heißt es: »Da fluchte sie ihren gottlosen Kindern.« 1819 lesen wir über die sieben Söhne und ihren Vater: »Und als sie immer nicht kamen, fluchte er im Ärger [...].« Das Fluchen des Vaters schien Wilhelm ein zu starker Ausdruck; in der Ausgabe letzter Hand heißt es nur noch: »und im Ärger rief er [...]«. Was bewirkt diese sprachliche Änderung bei den Märchenhörern? Eine Entlastung der Vaterfigur.

Bedeutsam für das damalige wie für das heutige Publikum ist der »Atmosphäre« schaffende Stil Wilhelm Grimms, welcher der Romantik und dem Biedermeier verpflichtet war. Anders als sein Bruder Jacob, war er beides: Märchenforscher und -erzähler. Von Ausgabe zu Ausgabe sicherer, hat Wilhelm in den »Kinder- und Hausmärchen« einen durchgehend poetischen Märchenton entwickelt – und Gefühle. Gefühle wie die rührende Liebe der Schwester in »Die sieben Raben«. In der Ölenberger Handschrift steht bloß: »Ihr Schwesterchen war betrübt und wollte sie suchen.« 1812 finden wir: »Die drei Brüder hatten aber ein Schwesterchen, das sie von Herzen liebte, und es grämte sich so über ihre Verbannung, dass es keine Ruh mehr hatte und sich endlich aufmachte, sie zu suchen.« Die nachgeborene Schwester der späteren Fassungen erfährt von der Verwünschung ihrer Brüder und macht »sich täglich ein Gewissen daraus«, hat »nicht Ruhe und Rast«, will sie befreien, »es möchte kosten, was es wollte«. »Die sieben Raben« gelten denn auch als Hohes Lied der Geschwisterliebe.

Das Zaubermärchen beschreibt in kindlich-poetischen Bildern eine kosmische Reise, zu drei Personifikationen von Naturgewalten. In diesem Märchen helfen Sonne und Mond der Heldin nicht, sondern müssen Menschenfresser, also dämonische Widersacher sein. Wilhelm Grimm verdoppelte effektvoll das Menschenfleisch-Riechen. Zugunsten der »guten« Sterne hat er den Mond »böser« gestaltet. Dieser ist auf Deutsch männlich und oft bedrohlich, während »Frau Mond« in den Märchen anderer Länder mit positiven Eigenschaften ausgestattet erscheint.

Das Mädchen erreicht schließlich die Glasburg, aus der 1812 logisch der Glasberg wurde. Den muss man sich als glatten Berg vorstellen, als fast unüberwindliches Hindernis zwischen Diesseits und Jenseits. Märchenkenner lesen die Suchwanderung der Heldin als Jenseitsreise, Schwarz als Todesfarbe und die sieben Raben als Seelen- oder Totenvögel; die zeitweilige Tierverwandlung symbolisiere den Tod.

Zur Lösung schwieriger Aufgaben gehört in manchen Zaubermärchen der »kleine Verlust«. Das Schwesterchen opfert einen kleinen Finger und verwendet ihn als Schlüssel zum Glasberg. Kindliche Hörer stört das nicht, denn es geschieht märchentypisch ohne Schmerz und Blutvergießen. Die kindertümlichen Verkleinerungsformen (»Tellerchen, Becherchen«) sind aus »Schneewittchen« bekannte Selbstzitate und lassen schmunzeln.

Wieder dient hier ein Ring als Erkennungszeichen. Ringe drücken Bindungen und Beziehungen aus. In späteren Ausgaben ist der Ring weniger logisch eingesetzt als in der handschriftlichen Urfassung: Dort hatte ihn die Schwester dem jüngsten Bruder geschenkt, und er wies ihr den Weg ans Ende der Welt.

»... und zogen fröhlich heim«: »Die sieben Raben« ist eine kindergemäße Kurzfassung des Märchentyps »Mädchen sucht seine Brüder«, der uns nicht weniger als dreimal in Grimms Sammlung begegnet, in Fassungen, die einander ähnlich sind und doch jeweils ein wenig anders. In der Märchenforschung spricht man von Sub-, also Untertypen.

Grimms »Die sechs Schwäne« (KHM 49) ist ein gutes Beispiel für Subtyp 1: »Erlösung durch Leiden«, der zu den Geschichten über unschuldig verfolgte Frauen gehört. Hier ist die Suche nach den von der Stiefmutter verwünschten Brüdern kurz, aber ihre Erlösung lang und peinvoll. Die Heldin muss jahrelang das Schweigegebot beachten, darf nicht lachen und/oder nicht weinen, muss oft auch Hemden für die Brüder anfertigen, bei Hans Christian Andersen gar aus Brennnesseln, welche große Blasen in ihre Hände und Arme brennen. Nach der Hochzeit droht ihr Gefahr im Kindbett und schließlich sogar der Scheiterhaufen. Typisch für Subtyp 1 ist ein »kleiner Fehler« oder der »kleine Verlust« bei der Rückverwandlung: Der jüngste Bruder behält einen Flügel statt des einen Arms.

KHM 9, »Die zwölf Brüder«, wird dem Untertyp 2: »Waldhaus« zugerechnet. Dominantes Thema ist das Zusammenleben der Geschwister im Waldhaus. Die Tierverwandlung wird unwissentlich von der Schwester herbeigeführt und zwar erst, nachdem sie ihre Brüder gefunden hat. »Die drei Raben« beziehungsweise »Die sieben Raben« (KHM 25) gehören zum Subtyp 3: »Jenseitsreise«, mit der Wanderung der Heldin zu Sonne, Mond und Sternen. Die Suche nach den Brüdern ist lang und gefahrvoll, doch die Entzauberung oder Erlösung erfolgt in dieser Kinderfassung wie von selbst. Das »Gott gebe« ist Zutat der frommen Brüder Grimm.

Ihre drei Versionen haben sie nun nicht – als Varianten eines Typs – hintereinander abdrucken lassen, sondern geschickt über die »Kinder- und Hausmärchen« verteilt, sodass nur aufmerksame Leser ihnen auf die Schliche kommen. Nach Ansicht von Walter Scherf müssen gerade diese Märchen für Jacob Grimm eine besondere Rolle gespielt haben. Jacob, der bereits »mit zwölf Jahren den verstorbenen Vater zu ersetzen hatte und immer wieder zurück an das verlorene Kindheitsparadies dachte, war das Haupt der fünf Brüder und der beim Tod des Vaters noch nicht dreijährigen kleinen Schwester«.[10]

Erlösende Geschwisterliebe: Die Märchen von den drei oder sieben Raben machen Kindern Mut.

---

10 Walter Scherf: Das Märchenlexikon. München 1995, S. 1466.

Der Trommler

Eines Abends ging ein junger Trommler ganz allein auf dem Feld und kam an einen See, da sah er an dem Ufer drei Stückchen weiße Leinewand liegen. »Was für feines Leinen«, sprach er und steckte eins davon in die Tasche. Er ging heim, dachte nicht weiter an seinen Fund und legte sich zu Bett. Als er eben einschlafen wollte, war es ihm, als nennte jemand seinen Namen. Er horchte und vernahm eine leise Stimme, die ihm zurief: »Trommeler, Trommeler, wach auf.« Er konnte, da es finstere Nacht war, niemand sehen, aber es kam ihm vor, als schwebte eine Gestalt vor seinem Bett auf und ab. »Was willst du?«, fragte er. »Gib mir mein Hemdchen zurück«, antwortete die Stimme, »das du mir gestern Abend am See weggenommen hast.« »Du sollst es wiederhaben«, sprach der Trommler, »wenn du mir sagst, wer du bist.« »Ach«, erwiderte die Stimme, »ich bin die Tochter eines mächtigen Königs, aber ich bin in die Gewalt einer Hexe geraten und bin auf den Glasberg gebannt. Jeden Tag muss ich mit meinen zwei Schwestern im See baden, aber ohne mein Hemdchen kann ich nicht wieder fortfliegen. Meine Schwestern haben sich fortgemacht, ich aber habe zurückbleiben müssen. Ich bitte dich, gib mir mein Hemdchen wieder.« »Sei ruhig, armes Kind«, sprach der Trommler, »ich will dir's gerne zurückgeben.« Er holte es aus seiner Tasche und reichte es ihr in der Dunkelheit hin. Sie erfasste es hastig und wollte damit fort. »Weile einen Augenblick«, sagte er, »vielleicht kann ich dir helfen.« »Helfen kannst du mir nur, wenn du auf den Glasberg steigst und mich aus der Gewalt der Hexe befreist. Aber zu dem Glasberg kommst du nicht, und wenn du auch ganz nahe daran wärst, so kommst du nicht hinauf.« »Was ich will, das kann ich«, sagte der Trommler,

»ich habe Mitleid mit dir, und ich fürchte mich vor nichts. Aber ich weiß den Weg nicht, der nach dem Glasberg führt.« »Der Weg geht durch den großen Wald, in dem die Menschenfresser hausen«, antwortete sie, »mehr darf ich dir nicht sagen.« Darauf hörte er, wie sie fortschwirrte.

Bei Anbruch des Tages machte sich der Trommler auf, hing seine Trommel um und ging ohne Furcht geradezu in den Wald hinein. Als er ein Weilchen gegangen war und keinen Riesen erblickte, so dachte er: »Ich muss die Langschläfer aufwecken«, hing die Trommel vor und schlug einen Wirbel, dass die Vögel aus den Bäumen mit Geschrei aufflogen. Nicht lange, so erhob sich auch ein Riese in die Höhe, der im Gras gelegen und geschlafen hatte, und war so groß wie eine Tanne. »Du Wicht«, rief er ihm zu, »was trommelst du hier und weckst mich aus dem besten Schlaf?« »Ich trommle«, antwortete er, »weil viele Tausende hinter mir herkommen, damit sie den Weg wissen.« »Was wollen die hier in meinem Wald?«, fragte der Riese. »Sie wollen dir den Garaus machen und den Wald von einem Ungetüm, wie du bist, säubern.« »Oho«, sagte der Riese, »ich trete euch wie Ameisen tot.« »Meinst du, du könntest gegen sie etwas ausrichten?«, sprach der Trommler. »Wenn du dich bückst, um einen zu packen, so springt er fort und versteckt sich; wie du dich aber niederlegst und schläfst, so kommen sie aus allen Gebüschen herbei und kriechen an dir hinauf. Jeder hat einen Hammer von Stahl am Gürtel stecken, damit schlagen sie dir den Schädel ein.« Der Riese ward verdrießlich und dachte: »Wenn ich mich mit dem listigen Volk befasse, so könnte es doch zu meinem Schaden ausschlagen. Wölfen und Bären drücke ich die Gurgel zusammen, aber vor den Erdwürmern kann ich mich nicht schützen.« »Hör, kleiner Kerl«, sprach er, »zieh wieder ab, ich verspreche dir, dass ich dich und deine Gesellen in Zukunft in Ruhe lassen will, und hast du noch einen Wunsch, so sag's mir, ich will dir wohl etwas zu Gefallen tun.« »Du hast lange Beine«, sprach der Trommler, »und kannst schneller laufen als ich, trag mich zum Glasberge, so will ich den Meinigen ein Zeichen zum Rückzug geben, und sie sollen dich diesmal in Ruhe lassen.« »Komm her, Wurm«, sprach der Riese, »setz dich auf meine Schulter, ich will dich tragen, wohin du verlangst.« Der Riese hob ihn hinauf, und der Trommler fing oben an, nach Herzenslust auf der Trommel zu wirbeln. Der Riese dachte: »Das wird das Zeichen sein, dass das andere Volk zurückgehen soll.«

Nach einer Weile stand ein zweiter Riese am Weg, der nahm den Trommler dem ersten ab und steckte ihn in sein Knopfloch. Der Trommler fasste den Knopf, der wie eine Schüssel groß war, hielt sich daran und schaute ganz lustig umher. Dann kamen sie zu einem dritten, der nahm ihn aus dem Knopfloch und setzte ihn auf den Rand seines Hutes; da ging der Trommler oben auf und ab und sah über die Bäume hinaus, und als er in blauer Ferne einen Berg erblickte, so dachte er: »Das ist gewiss der Glasberg«, und er war es auch. Der Riese tat noch ein paar Schritte, so waren sie an dem Fuß des Berges angelangt, wo ihn der Riese absetzte. Der Trommler verlangte, er sollte ihn auch auf die Spitze des Glasberges tragen, aber der Riese schüttelte mit dem Kopf, brummte etwas in den Bart und ging in den Wald zurück.

Nun stand der arme Trommler vor dem Berg, der so hoch war, als wenn drei Berge aufeinandergesetzt wären, und dabei so glatt wie ein Spiegel, und wusste keinen Rat, um hinaufzukommen. Er fing an zu klettern, aber vergeblich, er rutschte immer wieder herab. »Wer jetzt ein Vogel wäre«, dachte er, aber was half das Wünschen, es wuchsen ihm keine Flügel. Indem er so stand und sich nicht zu helfen wusste, erblickte er nicht weit von sich zwei Männer, die heftig miteinander stritten. Er ging auf sie zu und sah, dass sie wegen eines Sattels uneins waren, der vor ihnen auf der Erde lag und den jeder von ihnen haben wollte. »Was seid ihr für Narren«, sprach er, »zankt euch um einen Sattel und habt kein Pferd dazu.« »Der Sattel ist wert, dass man darum streitet«, antwortete der eine von den Männern, »wer darauf sitzt und wünscht sich irgendwohin, und wär's am Ende der Welt, der ist im Augenblick angelangt, wie er den Wunsch ausgesprochen hat. Der Sattel gehört uns gemeinschaftlich, die Reihe, darauf zu reiten, ist an mir, aber der andere will es nicht zulassen.« »Den Streit will ich bald austragen«, sagte der Trommler, ging eine Strecke weit und steckte einen weißen Stab in die Erde. Dann kam er zurück und sprach: »Jetzt lauft nach dem Ziel, wer zuerst dort ist, der reitet zuerst.« Beide setzten sich in Trab, aber kaum waren sie ein paar Schritte weg, so schwang sich der Trommler auf den Sattel, wünschte sich auf den Glasberg, und ehe man die Hand umdrehte, war er dort.

Auf dem Berg oben war eine Ebene, da stand ein altes steinernes Haus, und vor dem Haus lag ein großer Fischteich, dahinter aber ein finsterer Wald. Menschen und Tiere sah er nicht, es war alles still, nur der Wind raschelte in den Bäumen, und die Wolken zogen ganz nah über seinem Haupt weg. Er trat an die Türe und klopfte an. Als er zum dritten Mal geklopft hatte, öffnete eine Alte mit braunem Gesicht und roten Augen die Türe; sie hatte eine Brille auf ihrer langen Nase und sah ihn scharf an, dann fragte sie, was sein Begehren wäre. »Einlass, Kost und Nachtlager«, antwortete der Trommler. »Das sollst du haben«, sagte die Alte, »wenn du dafür drei Arbeiten verrichten willst.« »Warum nicht?«, antwortete er. »Ich scheue keine Arbeit, und wenn sie noch so schwer ist.« Die Alte ließ ihn ein, gab ihm Essen und abends ein gutes Bett.

Am Morgen, als er ausgeschlafen hatte, nahm die Alte einen Fingerhut von ihrem dürren Finger, reichte ihn dem Trommler hin und sagte: »Jetzt geh an die Arbeit und schöpfe den Teich draußen mit diesem Fingerhut aus; aber ehe es Nacht wird, musst du fertig sein, und alle Fische, die in dem Wasser sind, müssen nach ihrer Art und Größe ausgesucht und nebeneinandergelegt sein.« »Das ist eine seltsame Arbeit«, sagte der Trommler, ging aber zu dem Teich und fing an zu schöpfen. Er schöpfte den ganzen Morgen, aber was kann man mit einem Fingerhut bei einem großen Wasser ausrichten, und wenn man tausend Jahre schöpft?

Als es Mittag war, dachte er: »Es ist alles umsonst und ist einerlei, ob ich arbeite oder nicht«, hielt ein und setzte sich nieder. Da kam ein Mädchen aus dem Haus gegangen, stellte ihm ein Körbchen mit Essen hin und sprach: »Du sitzest da so traurig, was fehlt dir?« Er blickte es an und sah, dass es wunderschön war. »Ach«, sagte er, »ich kann die erste Arbeit nicht vollbringen, wie wird es mit den andern werden? Ich bin ausgegangen, eine Königstochter zu suchen, die hier wohnen soll, aber ich habe sie nicht gefunden; ich will weitergehen.« »Bleib hier«, sagte das Mädchen, »ich will dir aus deiner Not helfen. Du bist müde, lege deinen Kopf in meinen Schoß und schlaf. Wenn du wieder aufwachst, so ist die Arbeit getan.« Der Trommler ließ sich das nicht zweimal sagen. Sobald ihm die Augen zufielen, drehte sie einen Wunschring und sprach: »Wasser herauf, Fische heraus.« Alsbald stieg das Wasser wie ein weißer Nebel in die Höhe und zog mit den andern Wolken fort, und die Fische schnalzten, sprangen ans Ufer und legten sich nebeneinander, jeder nach seiner Größe und Art. Als der Trommler erwachte, sah er mit Erstaunen, dass alles vollbracht war. Aber das Mädchen sprach: »Einer von den Fischen liegt nicht bei seinesgleichen, sondern ganz allein. Wenn die Alte heute Abend kommt und sieht, dass alles geschehen ist, was sie verlangt hat, so wird sie fragen: ›Was soll dieser Fisch allein?‹ Dann wirf ihr den Fisch ins Angesicht und sprich: ›Der soll für dich sein, alte Hexe.‹« Abends kam die Alte, und als sie die Frage getan hatte, so warf er ihr den Fisch ins Gesicht. Sie stellte sich, als merkte sie es nicht, und schwieg still, aber sie blickte ihn mit boshaften Augen an.

Am andern Morgen sprach sie: »Gestern hast du es zu leicht gehabt, ich muss dir schwerere Arbeit geben. Heute musst du den ganzen Wald umhauen, das Holz in Scheite spalten und in Klaftern legen, und am Abend muss alles fertig sein.« Sie gab ihm eine Axt, einen Schläger und zwei Keile. Aber die Axt war von Blei, der Schläger und die Keile waren von Blech. Als er anfing zu hauen, so legte sich die Axt um, und Schläger und Keile drückten sich zusammen. Er wusste sich nicht zu helfen, aber mittags kam das Mädchen wieder mit dem Essen und tröstete ihn. »Lege deinen Kopf in meinen Schoß«, sagte sie, »und schlaf, wenn du aufwachst, so ist die Arbeit getan.« Sie drehte ihren Wunschring, in dem Augenblick sank der ganze Wald mit Krachen zusammen, das Holz spaltete sich von selbst und legte sich in Klaftern zusammen; es war, als ob unsichtbare Riesen die Arbeit vollbrächten.

Als er aufwachte, sagte das Mädchen: »Siehst du, das Holz ist geklaftert und gelegt; nur ein einziger Ast ist übrig, aber wenn die Alte heute Abend kommt und fragt, was der Ast solle, so gib ihr damit einen Schlag und sprich: ›Der soll für dich sein, du Hexe.‹« Die Alte kam. »Siehst du«, sprach sie, »wie leicht die Arbeit war: Aber für wen liegt der Ast noch da?« »Für dich, du Hexe«, antwortete er und gab ihr einen Schlag damit. Aber sie tat, als fühlte sie es nicht, lachte höhnisch und sprach: »Morgen früh sollst du alles Holz auf einen Haufen legen, es anzünden und verbrennen.«

Er stand mit Anbruch des Tages auf und fing an das Holz herbeizuholen, aber wie kann ein einziger Mensch einen ganzen Wald zusammentragen? Die Arbeit rückte nicht fort. Doch das Mädchen verließ ihn nicht in der Not: Es brachte ihm mittags seine Speise, und als er gegessen hatte, legte er seinen Kopf in den

Schoß und schlief ein. Bei seinem Erwachen brannte der ganze Holzstoß in einer ungeheuern Flamme, die ihre Zungen bis in den Himmel ausstreckte. »Hör mich an«, sprach das Mädchen, »wenn die Hexe kommt, wird sie dir allerlei auftragen: Tust du ohne Furcht, was sie verlangt, so kann sie dir nichts anhaben; fürchtest du dich aber, so packt dich das Feuer und verzehrt dich. Zuletzt, wenn du alles getan hast, so packe sie mit beiden Händen und wirf sie mitten in die Glut.« Das Mädchen ging fort, und die Alte kam herangeschlichen. »Hu! mich friert«, sagte sie, »aber das ist ein Feuer, das brennt, das wärmt mir die alten Knochen, da wird mir wohl. Aber dort liegt ein Klotz, der will nicht brennen, den hol mir heraus. Hast du das noch getan, so bist du frei und kannst ziehen, wohin du willst. Nur munter hinein.« Der Trommler besann sich nicht lange, sprang mitten in die Flammen, aber sie taten ihm nichts, nicht einmal die Haare konnten sie ihm versengen. Er trug den Klotz heraus und legte ihn hin. Kaum aber hatte das Holz die Erde berührt, so verwandelte es sich, und das schöne Mädchen stand vor ihm, das ihm in der Not geholfen hatte; und an den seidenen goldglänzenden Kleidern, die es anhatte, merkte er wohl, dass es die Königstochter war. Aber die Alte lachte giftig und sprach: »Du meinst, du hättest sie, aber du hast sie noch nicht.« Eben wollte sie auf das Mädchen losgehen und es fortziehen, da packte er die Alte mit beiden Händen, hob sie in die Höhe und warf sie den Flammen in den Rachen, die über ihr zusammenschlugen, als freuten sie sich, dass sie eine Hexe verzehren sollten.

Die Königstochter blickte darauf den Trommler an, und als sie sah, dass es ein schöner Jüngling war, und bedachte, dass er sein Leben daran gesetzt hatte, um sie zu erlösen, so reichte sie ihm die Hand und sprach: »Du hast alles für mich gewagt, aber ich will auch für dich alles tun. Versprichst du mir deine Treue, so sollst du mein Gemahl werden. An Reichtümern fehlt es uns nicht, wir haben genug an dem, was die Hexe hier zusammengetragen hat.« Sie führte ihn in das Haus, da standen Kisten und Kasten, die mit ihren Schätzen angefüllt waren. Sie ließen Gold und Silber liegen und nahmen nur die Edelsteine. Sie wollte nicht länger auf dem Glasberg bleiben, da sprach er zu ihr: »Setze dich zu mir auf meinen Sattel, so fliegen wir hinab wie Vögel.« »Der alte Sattel gefällt mir nicht«, sagte sie, »ich brauche nur an meinem Wunschring zu drehen, so sind wir zu Haus.« »Wohlan«, antwortete der Trommler, »so wünsch uns vor das Stadttor.« Im Nu waren sie dort, der Trommler aber sprach: »Ich will erst zu meinen Eltern gehen und ihnen Nachricht geben, harre mein hier auf dem Feld, ich will bald zurück sein.« »Ach«, sagte die Königstochter, »ich bitte dich, nimm dich in acht, küsse deine Eltern bei deiner Ankunft nicht auf die rechte Wange, denn sonst wirst du alles vergessen, und ich bleibe hier allein und verlassen auf dem Feld zurück.« »Wie kann ich dich vergessen?«, sagte er und versprach ihr in die Hand, recht bald wiederzukommen.

Als er in sein väterliches Haus trat, wusste niemand, wer er war, so hatte er sich verändert, denn die drei Tage, die er auf dem Glasberg zugebracht hatte, waren drei lange Jahre gewesen. Da gab er sich zu erkennen, und seine Eltern fielen ihm vor Freude um den Hals, und er war so bewegt in seinem Herzen, dass er sie auf beide Wangen küsste und an die Worte des Mädchens nicht dachte. Wie er ihnen aber den Kuss auf die rechte Wange gegeben hatte, verschwand ihm jeder Gedanke an die Königstochter. Er leerte seine Taschen aus und legte Hände voll der größten Edelsteine auf den Tisch. Die Eltern wussten gar nicht, was sie mit dem Reichtum anfangen sollten. Da baute der Vater ein prächtiges Schloss, von Gärten, Wäldern und Wiesen umgeben, als wenn ein Fürst darin wohnen sollte. Und als es fertig war, sagte die Mutter: »Ich habe ein Mädchen für dich ausgesucht, in drei Tagen soll die Hochzeit sein.« Der Sohn war mit allem zufrieden, was die Eltern wollten.

Die arme Königstochter hatte lange vor der Stadt gestanden und auf die Rückkehr des Jünglings gewartet. Als es Abend ward, sprach sie: »Gewiss hat er seine Eltern auf die rechte Wange geküsst und hat mich vergessen.« Ihr Herz war voll Trauer, sie wünschte sich in ein einsames Waldhäuschen und wollte nicht wieder an den Hof ihres Vaters zurück. Jeden Abend ging sie in die Stadt und ging an seinem Haus vorüber; er sah sie manchmal, aber er kannte sie nicht mehr. Endlich hörte sie, wie die Leute sagten: »Morgen wird seine Hochzeit gefeiert.« Da sprach sie: »Ich will versuchen, ob ich sein Herz wiedergewinne.«

Als der erste Hochzeitstag gefeiert ward, da drehte sie ihren Wunschring und sprach: »Ein Kleid, so glänzend wie die Sonne.« Alsbald lag das Kleid vor ihr und war so glänzend, als wenn es aus lauter Sonnenstrahlen gewebt wäre. Als alle Gäste sich versammelt hatten, so trat sie in den Saal. Jedermann wunderte sich über das schöne Kleid, am meisten die Braut, und da schöne Kleider ihre größte Lust waren, so ging sie zu der Fremden und fragte, ob sie es ihr verkaufen wollte. »Für Geld nicht«, antwortete sie, »aber wenn ich die erste Nacht vor der Türe verweilen darf, wo der Bräutigam schläft, so will ich es hingeben.« Die Braut konnte ihr Verlangen nicht bezwingen und willigte ein, aber sie mischte dem Bräutigam einen Schlaftrunk in seinen Nachtwein, wovon er in tiefen Schlaf verfiel. Als nun alles still geworden war, so kauerte sich die Königstochter vor die Türe der Schlafkammer, öffnete sie ein wenig und rief hinein:

»Trommler, Trommler, hör mich an,
hast du mich denn ganz vergessen?
Hast du auf dem Glasberg nicht bei mir gesessen?
Habe ich vor der Hexe nicht bewahrt dein Leben?
Hast du mir auf Treue nicht die Hand gegeben?
Trommler, Trommler, hör mich an.«

Aber es war alles vergeblich, der Trommler wachte nicht auf, und als der Morgen anbrach, musste die Königstochter unverrichteter Dinge wieder fortgehen.

Am zweiten Abend drehte sie ihren Wunschring und sprach: »Ein Kleid, so silbern als der Mond.« Als sie mit dem Kleid, das so zart war wie der Mondschein, bei dem Fest erschien, erregte sie wieder das Verlangen der Braut und gab es ihr für die Erlaubnis, auch die zweite Nacht vor der Türe der Schlafkammer zubringen zu dürfen.

Da rief sie in nächtlicher Stille:
»Trommler, Trommler, hör mich an,
hast du mich denn ganz vergessen?
Hast du auf dem Glasberg nicht bei mir gesessen?
Habe ich vor der Hexe nicht bewahrt dein Leben?
Hast du mir auf Treue nicht die Hand gegeben?
Trommler, Trommler, hör mich an.«
Aber der Trommler, von dem Schlaftrunk betäubt, war nicht zu erwecken. Traurig ging sie den Morgen wieder zurück in ihr Waldhaus. Aber die Leute im Haus hatten die Klage des fremden Mädchens gehört und erzählten dem Bräutigam davon; sie sagten ihm auch, dass es ihm nicht möglich gewesen wäre, etwas davon zu vernehmen, weil sie ihm einen Schlaftrunk in den Wein geschüttet hätten.

Am dritten Abend drehte die Königstochter den Wunschring und sprach: »Ein Kleid, flimmernd wie Sterne.« Als sie sich darin auf dem Fest zeigte, war die Braut über die Pracht des Kleides, das die andern weit übertraf, ganz außer sich und sprach: »Ich soll und muss es haben.« Das Mädchen gab es, wie die andern, für die Erlaubnis, die Nacht vor der Türe des Bräutigams zuzubringen. Der Bräutigam aber trank den Wein nicht, der ihm vor dem Schlafengehen gereicht wurde, sondern goss ihn hinter das Bett. Und als alles im Haus still geworden war, so hörte er eine sanfte Stimme, die ihn anrief:

»Trommler, Trommler, hör mich an,
hast du mich denn ganz vergessen?
Hast du auf dem Glasberg nicht bei mir gesessen?
Habe ich vor der Hexe nicht bewahrt dein Leben?
Hast du mir auf Treue nicht die Hand gegeben?
Trommler, Trommler, hör mich an.«
Plötzlich kam ihm das Gedächtnis wieder. »Ach«, rief er, »wie habe ich so treulos handeln können, aber der Kuss, den ich meinen Eltern in der Freude meines Herzens auf die rechte Wange gegeben habe, der ist schuld daran, der hat mich betäubt.« Er sprang auf, nahm die Königstochter bei der Hand und führte sie zu dem Bett seiner Eltern. »Das ist meine rechte Braut«, sprach er, »wenn ich die andere heirate, so tue ich großes Unrecht.« Die Eltern, als sie hörten, wie alles sich zugetragen hatte, willigten ein. Da wurden die Lichter im Saal wieder angezündet, Pauken und Trompeten herbeigeholt, die Freunde und Verwandten eingeladen wiederzukommen, und die wahre Hochzeit ward mit großer Freude gefeiert. Die erste Braut behielt die schönen Kleider zur Entschädigung und gab sich zufrieden.

Zu diesem Märchen

Das schöne Zaubermärchen gehört zu den wenigen in der Grimm'schen Sammlung, von denen eine Vorlage aus mündlicher Überlieferung erhalten ist. Die Erzählung mit dem Titel »Vom gläsernen Berge« schickte der Literaturwissenschaftler Karl Goedeke, der bei beiden Brüdern in Göttingen studiert hatte, 1838 an Jacob Grimm. Dazu schrieb er: »Von meiner Tante, einer schlichten Bürgerfrau, erzählt. Sie hatte das Märchen auf der Papiermühle zu Delligsen (bei Alfeld), woher sie gebürtig, von dem Eichsfelder Lumpensammler Steffen gehört.«[11] Seit der

---

11 Märchen aus dem Nachlass der Brüder Grimm. Herausgegeben und erläutert von Heinz Rölleke. Bonn 1977, S. 59.

5. Auflage (1843) findet sich das Märchen, von Wilhelm Grimm vor allem stilistisch verändert, in Gesamtausgaben der »Kinder- und Hausmärchen«. Aus dem Tambour der Vorlage, welcher der Prinzessin zulieb desertiert und ihr die Ehe verspricht, wurde ein junger Trommler, der sich – als echter Soldat – vor nichts fürchtet, schon gar nicht vor Menschenfressern alias Riesen.

Der erste Teil mit dem entwendeten Flughemd lässt es erahnen: Die Königstochter muss eine Schwanjungfrau sein. Die Märchenhörer dürfen folglich erwarten, dass sie zauberkundig ist, wenn auch in der Gewalt einer Hexe und auf einen Glasberg gebannt. Dieser ist oft von dämonischen Wesen bevölkert, Wohnort von Hexen oder Zwergen, wie im vorigen Märchen. Ein Glasberg-Aufenthalt von vermeintlich drei Tagen dauert woanders drei lange Jahre.

Um zu der Schönen auf den Glasberg zu gelangen, ist dem Helden jedes Mittel recht. Er bietet sich als betrügerischer Schiedsrichter an und entwendet ohne Bedenken den wertvollen Wunschsattel, gibt ihn seinen Besitzern auch nach Gebrauch nicht zurück. Darf er das? Darüber streiten die Märchenforscher. Der eine sieht im Betrug, mit dem der Held sein Ziel erreicht, ein Musterbeispiel für den »problematischen Moralkodex des Zaubermärchens«, in dem nur das Gewinnen zähle. Die andere gibt zu bedenken, dass der Listige fast immer mit der Sympathie des Publikums rechnen dürfe und dass die »Ethik der Selbstentfaltung« im Märchen Vorrang habe. Im Streit um Zaubergegenstände werden Diebstahltricks durchaus gebilligt, aber nur beim Helden selbst.[12]

Die wirklichen Schwierigkeiten beginnen im zweiten Teil des Märchens, als der forsche Trommler sich mit einer weiblichen

---

12 Enzyklopädie des Märchens. Band 12: Streit um Zaubergegenstände (Jurjen van der Kooi); Band 8: List (Katalin Horn); Band 3: Dieb, Diebstahl (Elfriede Moser-Rath). Weiteres bei Judith Laeverenz: Märchen als rechtsgeschichtliche Quellen?. In: Dunkle Mächte im Märchen und was sie bannt. Recht und Gerechtigkeit im Märchen. Herausgegeben von Harlinda Lox u. a. Krummwisch 2007, S. 270-272.

Welt konfrontiert sieht. In Grimms Märchen entpuppen sich alte Frauen mit roten Augen mit Sicherheit als Hexen. Diese verlangt vom Helden klassische Freieraufgaben wie das Trockenlegen eines Teiches oder das Roden eines Waldes. Gegenpol der fordernden Hexe ist das zauberhaft hilfsbereite Mädchen – schon ohne die goldglänzenden Kleider »wunderschön«: eine Zutat Wilhelm Grimms. Märchenhaft mühelos erledigt die Königstochter mit ihrem Wunschring die eigentlich unlösbaren Aufgaben. Ringe mit magischen Kräften, die ihren Trägern alle Wünsche erfüllen, trifft man häufig in Zaubermärchen, aber auch in der Weltliteratur bis hin zu Fantasy, siehe Tolkiens »Herr der Ringe«.

Seine Braut holt der Trommler aus dem Feuer und vernichtet die Gegenspielerin im Feuer. Hexen verkörpern das Prinzip des Bösen und werden in Grimms Märchen meistens verbrannt.[13] Doch das glückliche Ende verzögert sich, weil der Trommler allzu leichtfertig ein Tabu missachtet. Der »Kuss des Vergessens« zeigt auf symbolischer Ebene, dass er noch nicht von seinen Eltern abgelöst, noch nicht reif ist für echte Partnerschaft. Seinen Treuebruch muss die vergessene Braut büßen. Die Königstochter, die ihm sowohl sozial als auch an seelischer Reife deutlich überlegen ist, erkauft sich mit kosmisch schönen Kleidern drei Nächte an seinem Bett und stimmt in rührenden Versen ihre Klage an, bis er sich endlich besinnt. Ihre Verse klingen in Grimm'scher Lesart poetischer als in der Vorlage von Karl Goedekes Tante.

Grimms »Der Trommler« endet mit einer halbherzigen Entschädigung für die »falsche« Braut. In der Goedeke-Fassung hingegen liest man die bekannte Schlussformel: »… und wenn sie nicht gestorben sind, leben sie noch.« Das passt besser für dieses Liebesmärchen.

---

13 Barbara Gobrecht: Hexen im Märchen. In: Jahrbuch der Brüder Grimm-Gesellschaft VIII, S. 41-57.

Sneewittchen

E s war einmal mitten im Winter, und die Schneeflocken fielen wie Federn vom Himmel herab, da saß eine Königin an einem Fenster, das einen Rahmen von schwarzem Ebenholz hatte, und nähte. Und wie sie so nähte und nach dem Schnee aufblickte, stach sie sich mit der Nadel in den Finger, und es fielen drei Tropfen Blut in den Schnee. Und weil das Rote im weißen Schnee so schön aussah, dachte sie bei sich: »Hätt ich ein Kind so weiß wie Schnee, so rot wie Blut, und so schwarz wie das Holz an dem Rahmen.« Bald darauf bekam sie ein Töchterlein, das war so weiß wie Schnee, so rot wie Blut und so schwarzhaarig wie Ebenholz, und ward darum das Sneewittchen (Schneeweißchen) genannt. Und wie das Kind geboren war, starb die Königin.

Über ein Jahr nahm sich der König eine andere Gemahlin. Es war eine schöne Frau, aber sie war stolz und übermütig, und konnte nicht leiden, dass sie an Schönheit von jemand sollte übertroffen werden. Sie hatte einen wunderbaren Spiegel, wenn sie vor den trat und sich darin beschaute, sprach sie:

»Spieglein, Spieglein an der Wand,
wer ist die Schönste im ganzen Land?«,

so antwortete der Spiegel:

»Frau Königin, Ihr seid die Schönste im Land.«

Da war sie zufrieden, denn sie wusste, dass der Spiegel die Wahrheit sagte.

Sneewittchen aber wuchs heran und wurde immer schöner, und als es sieben Jahre alt war, war es so schön wie der klare Tag und schöner als die Königin selbst. Als diese einmal ihren Spiegel fragte:

»Spieglein, Spieglein an der Wand,
wer ist die Schönste im ganzen Land?«,

so antwortete er:

»Frau Königin, Ihr seid die Schönste hier,

aber Sneewittchen ist tausendmal schöner als Ihr.«

Da erschrak die Königin und ward gelb und grün vor Neid. Von Stund an, wenn sie Sneewittchen erblickte, kehrte sich ihr das Herz im Leibe herum, so hasste sie das Mädchen. Und der Neid und Hochmut wuchsen wie ein Unkraut in ihrem Herzen immer höher, dass sie Tag und Nacht keine Ruhe mehr hatte. Da rief sie einen Jäger und sprach: »Bring das Kind hinaus in den Wald, ich will's nicht mehr vor meinen Augen sehen. Du sollst es töten und mir Lunge und Leber zum Wahrzeichen mitbringen.« Der Jäger gehorchte und führte es hinaus, und als er den Hirschfänger gezogen hatte und Sneewittchens unschuldiges Herz durchbohren wollte, fing es an zu weinen und sprach: »Ach, lieber Jäger, lass mir mein Leben; ich will in den wilden Wald laufen und nimmermehr wieder heim kommen.« Und weil es so schön war, hatte der Jäger Mitleid und sprach: »So lauf hin, du armes Kind.« »Die wilden Tiere werden dich bald gefressen haben«, dachte er, und doch war's ihm, als wär ein Stein von seinem Herzen gewälzt, weil er es nicht zu töten brauchte. Und als gerade ein junger Frischling dahergesprungen kam, stach er ihn ab, nahm Lunge und Leber heraus und brachte sie als Wahrzeichen der Königin mit. Der Koch musste sie in Salz kochen, und das boshafte Weib aß sie auf und meinte, sie hätte Sneewittchens Lunge und Leber gegessen.

Nun war das arme Kind in dem großen Wald mutterselig allein, und ward ihm so angst, dass es alle Blätter an den Bäumen ansah und nicht wusste, wie es sich helfen sollte. Da fing es an zu laufen und lief über die spitzen Steine und durch die Dornen, und die wilden Tiere sprangen an ihm vorbei, aber sie taten ihm nichts. Es lief, solange nur die Füße noch fort konnten, bis es bald Abend werden wollte, da sah es ein kleines Häuschen und ging hinein, sich zu ruhen. In dem Häuschen war alles klein, aber so zierlich und reinlich, dass es nicht zu sagen ist. Da stand ein weiß gedecktes Tischlein mit sieben kleinen Tellern, jedes Tellerlein mit seinem Löffelein, ferner sieben Messerlein und Gäblein, und sieben Becherlein. An der Wand waren sieben Bettlein nebeneinander aufgestellt und schneeweiße Laken darüber gedeckt. Sneewittchen, weil es so hungrig und durstig war, aß von jedem Tellerlein ein wenig Gemüs und Brot und trank aus jedem Becherlein einen Tropfen Wein; denn es wollte nicht einem allein alles wegnehmen. Hernach, weil es so müde war, legte es sich in ein Bettchen, aber keins passte; das eine war zu lang, das andere zu kurz, bis endlich das siebente recht war: Und darin blieb es liegen, befahl sich Gott und schlief ein.

Als es ganz dunkel geworden war, kamen die Herren von dem Häuslein, das waren die sieben Zwerge, die in den Bergen nach Erz hackten und gruben. Sie zündeten ihre sieben Lichtlein an, und wie es nun hell im Häuslein ward, sahen sie, dass jemand darin gewesen war, denn es stand nicht alles so in der Ordnung, wie sie es verlassen hatten.

Der erste sprach: »Wer hat auf meinem Stühlchen gesessen?«

Der zweite: »Wer hat von meinem Tellerchen gegessen?«

Der dritte: »Wer hat von meinem Brötchen genommen?«

Der vierte: »Wer hat von meinem Gemüschen gegessen?«

Der fünfte: »Wer hat mit meinem Gäbelchen gestochen?«

Der sechste: »Wer hat mit meinem Messerchen geschnitten?«

Der siebente: »Wer hat aus meinem Becherlein getrunken?« Dann sah sich der erste um und sah, dass auf seinem Bett eine kleine Delle war, da sprach er: »Wer hat in mein Bettchen getreten?« Die andern kamen gelaufen und riefen: »In meinem hat auch jemand gelegen.« Der siebente aber, als er in sein Bett sah, erblickte Sneewittchen, das lag darin und schlief. Nun rief er die andern, die kamen herbeigelaufen und schrien vor Verwunderung, holten ihre sieben Lichtlein und beleuchteten Sneewittchen. »Ei, du mein Gott! Ei, du mein Gott!«, riefen sie, »was ist das Kind so schön!« Und hatten so große Freude, dass sie es nicht aufweckten, sondern im Bettlein fortschlafen ließen. Der siebente Zwerg aber schlief bei seinen Gesellen, bei jedem eine Stunde, da war die Nacht herum.

Als es Morgen war, erwachte Sneewittchen, und wie es die sieben Zwerge sah, erschrak es. Sie waren aber freundlich und fragten: »Wie heißt du?« »Ich heiße Sneewittchen«, antwortete es. »Wie bist du in unser Haus gekommen?«, sprachen weiter die Zwerge. Da erzählte es ihnen, dass seine Stiefmutter es hätte wollen umbringen lassen, der Jäger hätte ihm aber das Leben geschenkt, und da wär es gelaufen den ganzen Tag, bis es endlich ihr Häuslein gefunden hätte. Die Zwerge sprachen: »Willst du unsern Haushalt versehen, kochen, betten, waschen, nähen und stricken, und willst du alles ordentlich und reinlich halten, so kannst du bei uns bleiben, und es soll dir an nichts fehlen.« »Ja«, sagte Sneewittchen, »von Herzen gern«, und blieb bei ihnen. Es hielt ihnen das Haus in Ordnung; morgens gingen sie in die Berge und suchten Erz und Gold, abends kamen sie wieder, und da musste ihr Essen bereit sein. Den Tag über war das Mädchen allein, da warnten es die guten Zwerglein und sprachen: »Hüte dich vor deiner Stiefmutter, die wird bald wissen, dass du hier bist; lass ja niemand herein.«

Die Königin aber, nachdem sie Sneewittchens Lunge und Leber glaubte gegessen zu haben, dachte nicht anders, als sie wäre wieder die Erste und Allerschönste, trat vor ihren Spiegel und sprach:

»Spieglein, Spieglein an der Wand,
wer ist die Schönste im ganzen Land?«

Da antwortete der Spiegel:
»Frau Königin, Ihr seid die Schönste hier,
aber Sneewittchen über den Bergen
bei den sieben Zwergen
ist noch tausendmal schöner als Ihr.«
Da erschrak sie, denn sie wusste, dass der Spiegel keine Unwahrheit sprach, und merkte, dass der Jäger sie betrogen hatte und Sneewittchen noch am Leben war. Und da sann und sann sie aufs Neue, wie sie es umbringen wollte; denn solange sie nicht die Schönste war im ganzen Land, ließ ihr der Neid keine Ruhe. Und als sie sich endlich etwas ausgedacht hatte, färbte sie sich das Gesicht und kleidete sich wie eine alte Krämerin und war ganz unkenntlich. In dieser Gestalt ging sie über die sieben Berge zu den sieben Zwergen, klopfte an die Türe und rief: »Schöne Ware feil! feil!« Sneewittchen guckte zum Fenster heraus und rief: »Guten Tag, liebe Frau, was habt Ihr zu verkaufen?« »Gute Ware, schöne Ware«, antwortete sie, »Schnürriemen von allen Farben«, und holte einen hervor, der aus bunter Seide geflochten war. »Die ehrliche Frau kann ich hereinlassen«, dachte Sneewittchen, riegelte die Türe auf und kaufte sich den hübschen Schnürriemen. »Kind«, sprach die Alte, »wie du aussiehst! Komm, ich will dich einmal ordentlich schnüren.« Sneewittchen hatte kein Arg, stellte sich vor sie und ließ sich mit dem neuen Schnürriemen schnüren; aber die Alte schnürte geschwind und schnürte so fest, dass dem Sneewittchen der Atem verging, und es für tot hinfiel. »Nun bist du die Schönste gewesen«, sprach sie und eilte hinaus.

Nicht lange darauf, zur Abendzeit, kamen die sieben Zwerge nach Haus, aber wie erschraken sie, als sie ihr liebes Sneewittchen auf der Erde liegen sahen; und es regte und bewegte sich nicht, als wäre es tot. Sie hoben es in die Höhe, und weil sie sahen, dass es zu fest geschnürt war, schnitten sie den Schnürriemen entzwei: Da fing es an ein wenig zu atmen, und ward nach und nach wieder lebendig. Als die Zwerge hörten, was geschehen war, sprachen sie: »Die alte Krämerfrau war niemand als die gottlose Königin: Hüte dich und lass keinen Menschen herein, wenn wir nicht bei dir sind.«

Das böse Weib aber, als es nach Haus gekommen war, ging vor den Spiegel und fragte:

»Spieglein, Spieglein an der Wand,
wer ist die Schönste im ganzen Land?«

Da antwortete er wie sonst:

»Frau Königin, Ihr seid die Schönste hier,
aber Sneewittchen über den Bergen
bei den sieben Zwergen
ist noch tausendmal schöner als Ihr.«

Als sie das hörte, lief ihr alles Blut zum Herzen, so erschrak sie, denn sie sah wohl, dass Sneewittchen wieder lebendig geworden war. »Nun aber«, sprach sie, »will ich etwas aussinnen, das dich zugrunde richten soll«, und mit Hexenkünsten, die sie verstand, machte sie einen giftigen Kamm. Dann verkleidete sie sich und nahm die Gestalt eines andern alten Weibes an. So ging sie hin über die sieben Berge zu den sieben Zwergen, klopfte an die Türe und rief: »Gute Ware feil! feil!« Sneewittchen schaute heraus und sprach: »Geht nur weiter, ich darf niemand hereinlassen.« »Das Ansehen wird dir doch erlaubt sein«, sprach die Alte, zog den giftigen Kamm heraus und hielt ihn in die Höhe. Da gefiel er dem Kinde so gut, dass es sich betören ließ und die Türe öffnete. Als sie des Kaufs einig waren, sprach die Alte: »Nun will ich dich einmal ordentlich kämmen.« Das arme Sneewittchen dachte an nichts und ließ die Alte gewähren, aber kaum hatte sie den Kamm in die Haare gesteckt, als das Gift darin wirkte und das Mädchen ohne Besinnung niederfiel. »Du Ausbund von Schönheit«, sprach das boshafte Weib, »jetzt ist's um dich geschehen«, und ging fort. Zum Glück aber war es bald Abend, wo die sieben Zwerglein nach Haus kamen. Als sie Sneewittchen wie tot auf der Erde liegen sahen, hatten sie gleich die Stiefmutter in Verdacht, suchten nach und fanden den giftigen Kamm, und kaum hatten sie ihn herausgezogen, so kam Sneewittchen wieder zu sich und erzählte, was vorgegangen war. Da warnten sie es noch einmal, auf seiner Hut zu sein und niemand die Türe zu öffnen.

Die Königin stellte sich daheim vor den Spiegel und sprach:
»Spieglein, Spieglein an der Wand,
wer ist die Schönste im ganzen Land?«
Da antwortete er wie vorher:
»Frau Königin, Ihr seid die Schönste hier,
aber Sneewittchen über den Bergen
bei den sieben Zwergen
ist noch tausendmal schöner als Ihr.«
Als sie den Spiegel so reden hörte, zitterte und bebte sie vor Zorn.
»Sneewittchen soll sterben«, rief sie,»und wenn es mein eignes Leben kostet.« Darauf ging sie in eine ganz verborgene einsame Kammer, wo niemand hinkam, und machte da einen giftigen, giftigen Apfel. Äußerlich sah er schön aus, weiß mit roten Backen, dass jeder, der ihn erblickte, Lust danach bekam, aber wer ein Stückchen davon aß, der musste sterben. Als der Apfel fertig war, färbte sie sich das Gesicht und verkleidete sich in eine Bauersfrau, und so ging sie über die sieben Berge zu den sieben Zwergen. Sie klopfte an, Sneewittchen streckte den Kopf zum Fenster heraus und sprach:»Ich darf keinen Menschen einlassen, die sieben Zwerge haben mir's verboten.«»Mir auch recht«, antwortete die Bäuerin,»meine Äpfel will ich schon los werden. Da, einen will ich dir schenken.«»Nein«, sprach Sneewittchen,»ich darf nichts annehmen.«»Fürchtest du dich vor Gift?«, sprach die Alte. »Siehst du, da schneide ich den Apfel in zwei Teile; den roten Backen iss du, den weißen will ich essen.« Der Apfel war aber so künstlich gemacht, dass der rote Backen allein vergiftet war. Snee-

wittchen lusterte den schönen Apfel an, und als es sah, dass die Bäuerin davon aß, so konnte es nicht länger widerstehen, streckte die Hand hinaus und nahm die giftige Hälfte. Kaum aber hatte es einen Bissen davon im Mund, so fiel es tot zur Erde nieder. Da betrachtete es die Königin mit grausigen Blicken und lachte überlaut und sprach:»Weiß wie Schnee, rot wie Blut, schwarz wie Ebenholz! Diesmal können dich die Zwerge nicht wieder erwecken.« Und als sie daheim den Spiegel befragte:

»Spieglein, Spieglein an der Wand,
wer ist die Schönste im ganzen Land?«,

so antwortete er endlich:

»Frau Königin, Ihr seid die Schönste im Land.«

Da hatte ihr neidisches Herz Ruhe, so gut ein neidisches Herz Ruhe haben kann. Die Zwerglein, wie sie abends nach Haus kamen, fanden Sneewittchen auf der Erde liegen, und es ging kein Atem mehr aus seinem Mund, und es war tot. Sie hoben es auf, suchten, ob sie was Giftiges fänden, schnürten es auf, kämmten ihm die Haare, wuschen es mit Wasser und Wein, aber es half alles nichts; das liebe Kind war tot und blieb tot. Sie legten es auf eine Bahre und setzten sich alle siebene daran und beweinten es, und weinten drei Tage lang. Da wollten sie es begraben, aber es sah noch so frisch aus wie ein lebender Mensch, und hatte noch seine schönen roten Backen. Sie sprachen:»Das können wir nicht in die schwarze Erde versenken«, und ließen einen durchsichtigen Sarg von Glas machen, dass man es von allen Seiten sehen konnte, legten es hinein, und schrieben mit goldenen Buchstaben seinen Namen darauf, und dass es eine Königstochter wäre. Dann setzten sie den Sarg hinaus auf den Berg, und einer von ihnen blieb immer dabei und bewachte ihn. Und die Tiere kamen auch und beweinten Sneewittchen, erst eine Eule, dann ein Rabe, zuletzt ein Täubchen. Nun lag Sneewittchen lange, lange Zeit in dem Sarg und verweste nicht, sondern sah aus, als wenn es schliefe, denn es war noch so weiß als Schnee, so rot als Blut und so schwarzhaarig wie Ebenholz.

Es geschah aber, dass ein Königssohn in den Wald geriet und zu dem Zwergenhaus kam, da zu übernachten. Er sah auf dem Berg den Sarg und das schöne Sneewittchen darin, und las, was mit goldenen Buchstaben darauf geschrieben war. Da sprach er zu den Zwergen: »Lasst mir den Sarg, ich will euch geben, was ihr dafür haben wollt.« Aber die Zwerge antworteten: »Wir geben ihn nicht um alles Gold in der Welt.« Da sprach er: »So schenkt mir ihn, denn ich kann nicht leben, ohne Sneewittchen zu sehen, ich will es ehren und hochachten wie mein Liebstes.« Wie er so sprach, empfanden die guten Zwerglein Mitleiden mit ihm und gaben ihm den Sarg. Der Königssohn ließ ihn nun von seinen Dienern auf den Schultern forttragen. Da geschah es, dass sie über einen Strauch stolperten, und von dem Schüttern fuhr der giftige Apfelgrütz, den Sneewittchen abgebissen hatte, aus dem Hals. Und nicht lange, so öffnete es die Augen, hob den Deckel vom Sarg in die Höhe und richtete sich auf und war wieder lebendig. »Ach Gott, wo bin ich?«, rief es. Der Königssohn sagte voll Freude: »Du bist bei mir«, und erzählte, was sich zugetragen hatte, und sprach: »Ich habe dich lieber als alles auf der Welt; komm mit mir in meines Vaters Schloss, du sollst meine Gemahlin werden.« Da war ihm Sneewittchen gut und ging mit ihm, und ihre Hochzeit ward mit großer Pracht und Herrlichkeit angeordnet.

Zu dem Fest wurde aber auch Sneewittchens gottlose Stiefmutter eingeladen. Wie sie sich nun mit schönen Kleidern angetan hatte, trat sie vor den Spiegel und sprach:
»Spieglein, Spieglein an der Wand,
   wer ist die Schönste im ganzen Land?«
Der Spiegel antwortete:
»Frau Königin, Ihr seid die Schönste hier,
   aber die junge Königin ist tausendmal schöner als Ihr.«

Da stieß das böse Weib einen Fluch aus, und ward ihr so angst, so angst, dass sie sich nicht zu lassen wusste. Sie wollte zuerst gar nicht auf die Hochzeit kommen; doch ließ es ihr keine Ruhe, sie musste fort und die junge Königin sehen. Und wie sie hineintrat, erkannte sie Sneewittchen, und vor Angst und Schrecken stand sie da und konnte sich nicht regen. Aber es waren schon eiserne Pantoffeln über Kohlenfeuer gestellt und wurden mit Zangen hereingetragen und vor sie hingestellt. Da musste sie in die rotglühenden Schuhe treten und so lange tanzen, bis sie tot zur Erde fiel.

Zu diesem Märchen

Der angeblich plattdeutsche Name »Sneewittchen« wurde von den Brüdern Grimm konstruiert. Sie haben ihre Schneewittchen-Fassung aus sechs Versionen zusammengesetzt, und ganz sicher ist nichts: weder die drei Farben, welche die Heldin charakterisieren, noch ihre rührende Unschuld, auch nicht, ob die böse Gegenspielerin ihre Stiefmutter ist, die sieben Zwerge schon gar nicht, und über den Prinzen, der sie aus dem Glassarg befreit, müsste man ohnehin diskutieren. Sicher ist nur eins: Dieses Zaubermärchen, Nr. 53 in ihrer Sammlung, ist von allen das beliebteste. Es stand schon 1976 und steht noch heute auf Platz 1 der Grimm'schen Märchenhitparade – und hier gemäß der Ausgabe letzter Hand (1857).

Weiß wie Schnee, rot wie Blut, schwarzhaarig wie Ebenholz … Für die Symbolforscher ist Weiß die Farbe des Lichtes und der Reinheit, Rot die Farbe des Lebens, der Leidenschaft und der Liebe, Schwarz Symbol für die Finsternis, das Böse, die Trauer. Alle drei Farben gelten als Zeichen für die innere Schönheit der Heldin, werden aber auch als Todessymbole gelesen; tatsächlich ist ihre Reifung zur jungen Königin mit dem Todeserlebnis verknüpft.

Sieben Jahre alt ist das schöne Schneewittchen, als es tausendmal schöner scheint als die Königin. Also noch ein Kind? Hier verschweigen uns die Brüder Grimm etwas und verniedlichen ein eben erblühendes junges Mädchen zu einem unschuldig-braven Kind im ersten Schulalter. Gewiss erlagen sie dem Charme der magischen Zahl Sieben, die wir bei den Zwergen wiederfinden und zum Beispiel auch bei den »Sieben Raben«. So jung wie die Grimm'sche Heldin tritt uns jedenfalls kein weiteres Schneewittchen entgegen.

Für ihren Neid, ja Hass findet die Stiefmutter einen Sprecher, den Zauberspiegel, hinter dessen »patriarchalischer Stimme des Urteils« manche die Stimme des (bei Grimm auffallend abwesenden) Vaters vermuten; dessen offensichtliche Freude an der Schönheit seiner Tochter sei möglicherweise die Ursache der ehelichen Unstimmigkeiten.[14] Eine Vermutung. Was wir wissen: Schon 1819 ließ Wilhelm Grimm, besorgt um den guten Ruf der Mütter, Schneewittchens Mutter sterben und verpasste ihr eine Stiefmutter. Vorher, in der Urfassung wie im Erstdruck 1812, ist es die eigene Mutter, die – stolz auf ihre große Schönheit und neidisch auf die der leiblichen Tochter – dieser nach dem Leben trachtet.

Ausgerechnet mit einem Apfel, diesem Symbol für Liebe, Fruchtbarkeit und ewige Jugend, vergiftet die böse Mutterfigur das – ach! – so unschuldige Mädchen, das sich erschreckend leicht täuschen, ja verführen lässt. Bei den Grimms heißt es 1857: »Sneewittchen lusterte den schönen Apfel an«; da steckt Lust drin, ja Lüsternheit. Schon 1812, im Erstdruck, finden wir die Formulierung: »und sein Gelüsten darnach ward immer größer«. Nur die rote Hälfte des Apfels wirkt giftig: Schneewittchen ist dem Leben, der Leidenschaft und der Liebe (noch) nicht gewachsen.

14 Zitiert nach Maria Tatar: Von Blaubärten und Rotkäppchen. Grimms grimmige Märchen. Salzburg und Wien 1990, S. 214.

Die Weisen dieses Märchens sind die sieben Zwerge. Zwerge haben die Größe eines Kindes, sind aber steinalt. Verbunden mit den Komplexen Fleiß und Arbeit, wissen sie oft mehr als die Menschen, können die Zukunft weissagen; sie sehen auch voraus, dass die Stiefmutter Schneewittchen ausfindig machen wird. Außerhalb des deutschsprachigen Raums gerät die Heldin in die Höhle von Männern ganz anderen Kalibers: zu Riesen, Drachen oder Räubern. In Grimm'scher Prägung sind die Zwerge, denen die betörend schöne Königstochter bürgerlich-ordentlich und reinlich den Haushalt führt, sehr verniedlicht und diese Szenen wesentlicher Grund für die Beliebtheit des vermeintlichen Kindermärchens bei Kindern.

Bleibt der Königssohn, seit 1812 Schneewittchens Erlöser. Laut Wilhelm Solms ist dieser Typ Märchenprinz eine »strahlende Null«. Er verliebt sich in die Scheintote in einem Zustand, wo ihre Individualität, ob Klugheit, Charme, Spontaneität oder Herzensgüte, vollkommen ausgelöscht ist[15], und erlöst sie eher zufällig. In der Urfassung hatten die Ärzte ihres Vaters sie ins Leben zurückgeholt.

All diese Ungereimtheiten im Verhalten der Figuren und dazu der sprechende Spiegel fordern zum Parodieren regelrecht heraus. Das Grimm'sche »Sneewittchen« gehört tatsächlich zu den meistparodierten Märchen der Weltliteratur. Das Bild der im Glassarg zur Schau gestellten »schönen Leiche« bleibt Gegenstand feministischer Kritik.

Vieldeutig, aber rührend, im Grimm-Ton erzählt: ein Märchen zum Träumen.

---

15 Wilhelms Solms: Der Märchenprinz. In: Das selbstverständliche Wunder. Herausgegeben von Wilhelm Solms in Verbindung mit Charlotte Oberfeld. Marburg 1986, S. 53-54.

Vogel Phönix

ines Tags ging ein reicher Mann spazieren an den Fluss, da kam ein kleines Kästchen geschwommen. Dies Kästchen nahm er und machte den Deckel auf, da lag ein kleines Kind darin, welches er mit heim nahm und aufziehen ließ. Der Verwalter konnte aber das Kind nicht leiden, und einmal nahm er's mit sich in einem Kahn auf den Fluss, und als er mitten darin war, sprang er schnell heraus ans Land, und ließ das Kind allein im Kahn. Und der Kahn trieb immer fort, bis an die Mühle, da sah der Müller das Kind und erbarmte sich, nahm es heraus und erzog es in seinem Haus.

Einmal aber kam von ungefähr der Verwalter in dieselbe Mühle, erkannte das Kind und nahm es mit sich. Bald darauf gab er dem jungen Menschen einen Brief zu tragen an seine Frau, worin stand: »Den Überbringer dieses Briefs sollst du den Augenblick umbringen.« Unterwegs aber begegnete dem jungen Menschen im Walde ein alter Mann, welcher sprach: »Weis mir doch einmal den Brief, den du da in der Hand trägst!« Da nahm er ihn, drehte ihn bloß einmal herum und gab ihn wieder, nun stand darin: »Dem Überbringer sollst du augenblicks unsere Tochter zur Frau geben!« So geschah es, und als der Verwalter das hörte, geriet er in Ärger und sagte: »He, so geschwind geht's nicht, eh ich dir meine Tochter lasse, sollst du mir erst drei Federn vom Vogel Phönix bringen.«

Der Jüngling machte sich auf den Weg nach dem Vogel Phönix, und an derselben Stelle im Wald begegnete ihm wieder derselbe alte Mann und sprach: »Geh den ganzen Tag weiter fort. Abends wirst du an einen Baum kommen, darauf zwei Tauben sitzen, die werden dir das weitere sagen!« Wie er abends an den

Baum kam, saßen zwei Tauben drauf. Die eine Taube sprach: »Wer da zum Vogel Phönix will, muss gehen den ganzen Tag, so wird er abends an ein Tor kommen, das ist zugeschlossen.« Die andere Taube sprach: »Unter diesem Baum liegt ein Schlüssel von Gold, der schließt das Tor auf.« Da fand er den Schlüssel und schloss das Tor damit auf. Hinterm Tor, da saßen zwei Männer, der eine Mann sprach: »Wer den Vogel Phönix sucht, muss einen großen Weg machen über den hohen Berg, und dann wird er endlich in das Schloss kommen.«

Am Abend des dritten Tags langte er endlich im Schloss an, da saß ein weißes Mamsellchen und sprach: »Was wollt Ihr hier?« »Ach, ich will mir gern drei Federn vom Vogel Phönix holen.« Sie sprach: »Ihr seid in Lebensgefahr, denn wo Euch der Vogel Phönix gewahr würde, fräße er Euch auf mit Haut und Haar. Doch will ich sehen, wie ich Euch zu den drei Federn verhelfe. Alle Tage kommt er hierher, da muss ich ihn mit einem engen Kamm kämmen; geschwind hier unter den Tisch«, der war rund um mit Tuch beschlagen.

Indem kam der Vogel Phönix heim, setzte sich oben auf den Tisch und sprach: »Ich wittere, wittere Menschenfleisch!« »Ach was? Ihr seht ja wohl, dass niemand hier ist.« »Kämm mich nun«, sprach der Vogel Phönix.

Das weiße Mamsellchen kämmte ihn nun, und er schlief darüber ein; wie er recht fest schlief, packte sie eine Feder, zog sie aus und warf sie unter den Tisch. Da wachte er auf: »Was raufst du mich so? Mir hat geträumt, es käme ein Mensch und zöge mir eine Feder aus.« Sie stellte ihn aber zufrieden, und so ging's das andere Mal und das dritte Mal. Wie der junge Mensch die drei Federn hatte, zog er damit heim und bekam nun seine Braut.

Der Teufel mit den drei goldenen Haaren

Es war einmal eine arme Frau, die gebar ein Söhnlein, und weil es eine Glückshaut umhatte, als es zur Welt kam, so ward ihm geweissagt, es werde im vierzehnten Jahr die Tochter des Königs zur Frau haben. Es trug sich zu, dass der König bald darauf ins Dorf kam, und niemand wusste, dass es der König war, und als er die Leute fragte, was es Neues gäbe, so antworteten sie: »Es ist in diesen Tagen ein Kind mit einer Glückshaut geboren: Was so einer unternimmt, das schlägt ihm zum Glück aus. Es ist ihm auch vorausgesagt, in seinem vierzehnten Jahre solle er die Tochter des Königs zur Frau haben.« Der König, der ein böses Herz hatte und über die Weissagung sich ärgerte, ging zu den Eltern, tat ganz freundlich und sagte: »Ihr armen Leute, überlasst mir euer Kind, ich will es versorgen.« Anfangs weigerten sie sich, da aber der fremde Mann schweres Gold dafür bot und sie dachten: »Es ist ein Glückskind, es muss doch zu seinem Besten ausschlagen«, so willigten sie endlich ein und gaben ihm das Kind.

Der König legte es in eine Schachtel und ritt damit weiter, bis er zu einem tiefen Wasser kam; da warf er die Schachtel hinein und dachte: »Von dem unerwarteten Freier habe ich meiner Tochter geholfen.« Die Schachtel aber ging nicht unter, sondern schwamm wie ein Schiffchen, und es drang auch kein Tröpfchen Wasser hinein. So schwamm sie bis zwei Meilen von des Königs Hauptstadt, wo eine Mühle war, an dessen Wehr sie hängen blieb. Ein Mahlbursche, der glücklicherweise da stand und sie bemerkte, zog sie mit einem Haken heran und meinte große Schätze zu finden, als er sie aber aufmachte, lag ein schöner Knabe darin, der ganz frisch und munter war. Er brachte ihn zu den Müllersleuten, und weil diese keine Kinder hatten, freuten sie sich und sprachen: »Gott hat es uns beschert.« Sie pflegten den Findling wohl, und er wuchs in allen Tugenden heran.

Es trug sich zu, dass der König einmal bei einem Gewitter in die Mühle trat und die Müllersleute fragte, ob der große Junge ihr Sohn wäre. »Nein«, antworteten sie, »es ist ein Findling, er ist vor vierzehn Jahren in einer Schachtel ans Wehr geschwommen, und der Mahlbursche hat ihn aus dem Wasser gezogen.« Da merkte der König, dass es niemand anders als das Glückskind war, das er ins Wasser geworfen hatte, und sprach: »Ihr guten Leute, könnte der Junge nicht einen Brief an die Frau Königin bringen, ich will ihm zwei Goldstücke zum Lohn geben?« »Wie der Herr König gebietet«, antworteten die Leute und hießen den Jungen sich bereithalten. Da schrieb der König einen Brief an die Königin, worin stand: »Sobald der Knabe mit diesem Schreiben angelangt ist, soll er getötet und begraben werden, und das alles soll geschehen sein, ehe ich zurückkomme.«

Der Knabe machte sich mit diesem Briefe auf den Weg, verirrte sich aber und kam abends in einen großen Wald. In der Dunkelheit sah er ein kleines Licht, ging darauf zu und gelangte zu einem Häuschen. Als er hineintrat, saß eine alte Frau beim Feuer ganz allein. Sie erschrak, als sie den Knaben erblickte, und sprach: »Wo kommst du her und wo willst du hin?« »Ich komme von der Mühle«, antwortete er, »und will zur Frau Königin, der ich einen Brief bringen soll; weil ich mich aber in dem Walde verirrt habe, so wollte ich hier gerne übernachten.« »Du armer Junge«, sprach die Frau, »du bist in ein Räuberhaus geraten, und wenn sie heimkommen, so bringen sie dich um.« »Mag kommen, wer will«, sagte der Junge, »ich fürchte mich nicht; ich bin aber so müde, dass ich nicht weiter kann«, streckte sich auf eine Bank und schlief ein.

Bald hernach kamen die Räuber und fragten zornig, was da für ein fremder Knabe läge. »Ach«, sagte die Alte, »es ist ein unschuldiges Kind, es hat sich im Walde verirrt, und ich habe ihn aus Barmherzigkeit aufgenommen: Er soll einen Brief an die Frau Königin bringen.« Die Räuber erbrachen den Brief und lasen ihn, und es stand darin, dass der Knabe sogleich, wie er ankäme, sollte ums Leben gebracht werden. Da empfanden die hartherzigen Räuber Mitleid, und der Anführer zerriss den Brief und schrieb einen andern, und es stand darin, sowie der Knabe ankäme, sollte er sogleich mit der Königstochter vermählt werden. Sie ließen ihn dann ruhig bis zum andern Morgen auf der Bank liegen, und als er aufgewacht war, gaben sie ihm den Brief und zeigten ihm den rechten Weg. Die Königin aber, als sie den Brief empfangen und gelesen hatte, tat, wie darin stand, hieß ein prächtiges Hochzeitsfest anstellen, und die Königstochter ward mit dem Glückskind vermählt; und da der Jüngling schön und freundlich war, so lebte sie vergnügt und zufrieden mit ihm.

Nach einiger Zeit kam der König wieder in sein Schloss und sah, dass die Weissagung erfüllt und das Glückskind mit seiner Tochter vermählt war. »Wie ist das zugegangen?«, sprach er, »ich habe in meinem Brief einen ganz andern Befehl erteilt.« Da reichte ihm die Königin den Brief und sagte, er möchte selbst sehen, was darin stände. Der König las den Brief und merkte wohl, dass er mit einem andern war vertauscht worden. Er fragte den Jüngling, wie es mit dem anvertrauten Briefe zugegangen wäre, warum er einen andern dafür gebracht hätte. »Ich weiß von nichts«, antwortete er, »er muss mir in der Nacht vertauscht sein, als ich im Walde geschlafen habe.« Voll Zorn sprach der König: »So leicht soll es dir nicht werden. Wer meine Tochter haben will, der muss mir aus der Hölle drei goldene Haare von dem Haupte des Teufels holen; bringst du mir, was ich verlange, so sollst du meine Tochter behalten.« Damit hoffte der König ihn auf immer loszuwerden.

Das Glückskind aber antwortete: »Die goldenen Haare will ich wohl holen, ich fürchte mich vor dem Teufel nicht.« Darauf nahm er Abschied und begann seine Wanderschaft.

Der Weg führte ihn zu einer großen Stadt, wo ihn der Wächter an dem Tore ausfragte, was für ein Gewerbe er verstände und was er wüsste. »Ich weiß alles«, antwortete das Glückskind. »So kannst du uns einen Gefallen tun«, sagte der Wächter, »wenn du uns sagst, warum unser Marktbrunnen, aus dem sonst Wein quoll, trocken geworden ist, und nicht einmal mehr Wasser gibt.« »Das sollt ihr erfahren«, antwortete er, »wartet nur, bis ich wiederkomme.« Da ging er weiter und kam vor eine andere Stadt, da fragte der Torwächter wiederum, was für ein Gewerb er verstünde und was er wüsste. »Ich weiß alles«, antwortete er. »So kannst du uns einen Gefallen tun und uns sagen, warum ein Baum in unserer Stadt, der sonst goldene Äpfel trug, jetzt nicht einmal Blätter hervortreibt.« »Das sollt ihr erfahren«, antwortete er, »wartet nur, bis ich wiederkomme.« Da ging er weiter und kam an ein großes Wasser, über das er hinüber musste. Der Fährmann fragte ihn, was er für ein Gewerb verstände und was er wüsste. »Ich weiß alles«, antwortete er. »So kannst du mir einen Gefallen tun«, sprach der Fährmann, »und mir sagen, warum ich immer hin- und herfahren muss und niemals abgelöst werde.« »Das sollst du erfahren«, antwortete er, »warte nur, bis ich wiederkomme.«

Als er über das Wasser hinüber war, so fand er den Eingang zur Hölle. Es war schwarz und rußig darin, und der Teufel war nicht zu Haus, aber seine Ellermutter[16] saß da in einem breiten Sorgenstuhl. »Was willst du?«, sprach sie zu ihm, sah aber gar nicht so böse aus. »Ich wollte gerne drei goldene Haare von des Teufels Kopf«, antwortete er, »sonst kann ich meine Frau nicht behalten.« »Das ist viel verlangt«, sagte sie, »wenn der Teufel heimkommt und findet

---

16 Niederdeutsch für »Großmutter«.

dich, so geht dir's an den Kragen; aber du dauerst mich, ich will sehen, ob ich dir helfen kann.« Sie verwandelte ihn in eine Ameise und sprach: »Kriech in meine Rockfalten, da bist du sicher.« »Ja«, antwortete er, »das ist schon gut, aber drei Dinge möchte ich gerne noch wissen, warum ein Brunnen, aus dem sonst Wein quoll, trocken geworden ist, jetzt nicht einmal mehr Wasser gibt; warum ein Baum, der sonst goldene Äpfel trug, nicht einmal mehr Laub treibt; und warum ein Fährmann immer herüber- und hinüberfahren muss und nicht abgelöst wird.« »Das sind schwere Fragen«, antwortete sie, »aber halte dich nur still und ruhig, und hab acht, was der Teufel spricht, wann ich ihm die drei goldenen Haare ausziehe.«

Als der Abend einbrach, kam der Teufel nach Haus. Kaum war er eingetreten, so merkte er, dass die Luft nicht rein war. »Ich rieche, rieche Menschenfleisch«, sagte er, »es ist hier nicht richtig.« Dann guckte er in alle Ecken und suchte, konnte aber nichts finden. Die Ellermutter schalt ihn aus, »eben ist erst gekehrt«, sprach sie, »und alles in Ordnung gebracht, nun wirfst du mir's wieder untereinander; immer hast du Menschenfleisch in der Nase! Setze dich nieder und iss dein Abendbrot.«

Als er gegessen und getrunken hatte, war er müde, legte der Ellermutter seinen Kopf in den Schoß und sagte, sie sollte ihn ein wenig lausen. Es dauerte nicht lange, so schlummerte er ein, blies und schnarchte. Da fasste die Alte ein goldenes Haar, riss es aus und legte es neben sich. »Autsch!«, schrie der Teufel, »was hast du vor?« »Ich habe einen schweren Traum gehabt«, antwortete die Ellermutter, »da hab ich dir in die Haare gefasst.« »Was hat dir denn geträumt?«, fragte der Teufel. »Mir hat geträumt, ein Marktbrunnen, aus dem sonst Wein quoll, sei versiegt, und es habe nicht einmal Wasser daraus quellen wollen, was ist wohl schuld daran?« »He, wenn sie's wüssten!«, antwortete der Teufel. »Es sitzt eine Kröte unter einem Stein im Brunnen, wenn sie die töten, so wird der Wein schon wieder fließen.«

Die Ellermutter lauste ihn wieder, bis er einschlief und schnarchte, dass die Fenster zitterten. Da riss sie ihm das zweite Haar aus. »Hu! was machst du?«, schrie der Teufel zornig. »Nimm's nicht übel«, antwortete sie, »ich habe es im Traum getan.« »Was hat dir wieder geträumt?«, fragte er. »Mir hat geträumt, in einem Königreiche ständ ein Obstbaum, der hätte sonst goldene Äpfel getragen und wollte jetzt nicht einmal Laub treiben. Was war wohl die Ursache davon?« »He, wenn sie's wüssten!«, antwortete der Teufel. »An der Wurzel nagt eine Maus, wenn sie die töten, so wird er schon wieder goldene Äpfel tragen, nagt sie aber noch länger, so verdorrt der Baum gänzlich. Aber lass mich mit deinen Träumen in Ruhe, wenn du mich noch einmal im Schlafe störst, so kriegst du eine Ohrfeige.«

Die Ellermutter sprach ihm gut zu und lauste ihn wieder, bis er eingeschlafen war und schnarchte. Da fasste sie das dritte goldene Haar und riss es ihm aus. Der Teufel fuhr in die Höhe, schrie und wollte übel mit ihr wirtschaften, aber sie besänftigte ihn nochmals und sprach: »Wer kann für böse Träume!« »Was hat dir denn geträumt?«, fragte er und war doch neugierig. »Mir hat von einem Fährmann geträumt, der sich beklagte, dass er immer hin- und herfahren müsste und nicht abgelöst würde. Was ist wohl schuld?« »He, der Dummbart!«, antwortete der Teufel. »Wenn einer kommt und will überfahren, so muss er ihm die Stange in die Hand geben, dann muss der andere überfahren, und er ist frei.« Da die Ellermutter ihm die drei goldenen Haare ausgerissen hatte und die drei Fragen beantwortet waren, so ließ sie den alten Drachen in Ruhe, und er schlief, bis der Tag anbrach.

Als der Teufel wieder fortgezogen war, holte die Alte die Ameise aus der Rockfalte, und gab dem Glückskind die menschliche Gestalt zurück. »Da hast du die drei goldenen Haare«, sprach sie, »was der Teufel zu deinen drei Fragen gesagt hat, wirst du wohl gehört haben.« »Ja«, antwortete er, »ich habe es gehört und will's wohl behalten.« »So ist dir geholfen«, sagte sie, »und nun kannst du deiner Wege ziehen.« Er bedankte sich bei der Alten für die Hilfe in der Not, verließ die Hölle und war vergnügt, dass ihm alles so wohl geglückt war.

Als er zu dem Fährmann kam, sollte er ihm die versprochene Antwort geben. »Fahr mich erst hinüber«, sprach das Glückskind, »so will ich dir sagen, wie du erlöst wirst«, und als er auf dem jenseitigen Ufer angelangt war, gab er ihm des Teufels Rat: »Wenn wieder einer kommt und will übergefahren sein, so gib ihm nur die Stange in die Hand.« Er ging weiter und kam zu der Stadt, worin der unfruchtbare Baum stand und wo der Wächter auch Antwort haben wollte. Da sagte er ihm, wie er vom Teufel gehört hatte: »Tötet die Maus, die an seiner Wurzel nagt, so wird er wieder goldene Äpfel tragen.« Da dankte ihm der Wächter und gab ihm zur Belohnung zwei mit Gold beladene Esel, die mussten ihm nachfolgen. Zuletzt kam er zu der Stadt, deren Brunnen versiegt war. Da sprach er zu dem Wächter, wie der Teufel gesprochen hatte: »Es sitzt eine Kröte im Brunnen unter einem Stein, die müsst ihr aufsuchen und töten, so wird er wieder reichlich Wein geben.« Der Wächter dankte und gab ihm ebenfalls zwei mit Gold beladene Esel.

Endlich langte das Glückskind daheim bei seiner Frau an, die sich herzlich freute, als sie ihn wiedersah und hörte, wie wohl ihm alles gelungen war. Dem König brachte er, was er verlangt hatte, die drei goldenen Haare des Teufels, und als dieser die vier Esel mit dem Golde sah, ward er ganz vergnügt und sprach: »Nun sind alle Bedingungen erfüllt, und du kannst meine Tochter behalten. Aber, lieber Schwiegersohn, sage mir doch, woher ist das viele Gold? Das sind ja gewaltige Schätze!« »Ich bin über einen Fluss gefahren«, antwortete er, »und da habe ich es mitgenommen, es liegt dort statt des Sandes am Ufer.« »Kann ich mir auch davon holen?«, sprach der König und war ganz begierig. »So viel Ihr nur wollt«, antwortete er, »es ist ein Fährmann auf dem Fluss, von dem lasst Euch überfahren, so könnt Ihr drüben Eure Säcke füllen.« Der habsüchtige König machte sich in aller Eile auf den Weg, und als er zu dem Fluss kam, so winkte er dem Fährmann, der sollte ihn übersetzen. Der Fährmann kam und hieß ihn einsteigen, und als sie an das jenseitige Ufer kamen, gab er ihm die Ruderstange in die Hand und sprang davon. Der König aber musste von nun an fahren zur Strafe für seine Sünden.

»Fährt er wohl noch?« »Was denn? Es wird ihm niemand die Stange abgenommen haben.«

Zu diesen beiden Märchen
In »Männermärchen« bekommt es der Held nicht selten mit dem Teufel zu tun. Hier verführt kein Grünrock einen Soldaten zu einem Teufelspakt, sondern ein Glückskind wandert in die Hölle, zu einem Menschenfresser-Teufel mit gutmütiger Großmutter – oder zu einem fernen Schloss, dem »Vogel Phönix« und einem hilfreichen, weißen »Fräulein«. Diese Kurzfassung hatten die Brüder Grimm im Februar 1812 von einem gleichfalls hilfreichen Fräulein erhalten, von der kränklichen, damals 23-jährigen Marie Hassenpflug. Mütterlicherseits stammten die Hassenpflug-Töchter aus Frankreich und sprachen bei Tisch französisch, beim Kränzchen mit den Brüdern Grimm deutsch. Sie gehören zu deren frühesten und wichtigsten Märchenbeiträgerinnen.

Maries jüngere Schwester, die erst 12-jährige Amalie Hassenpflug, erzählte im Herbst 1812 ihre Version »Von dem Teufel mit drei goldenen Haaren«, die ebenfalls in der ersten KHM-Auflage erschien. Auch diese unterscheidet sich noch deutlich vom ungleich bekannteren Märchen »Der Teufel mit den drei goldenen Haaren« in der Ausgabe letzter Hand (1857). Die zwei verschiedenen, selbständigen Versionen der beiden Schwestern wurden 1819 ersetzt durch eine einzige Fassung, welche größtenteils zurückgeht auf Dorothea Viehmann, die Lieblingserzählerin der Brüder Grimm.

In vielen Fällen ist es reizvoll, die frühesten Märchen der Sammlung mit dem »Schlusstext« zu vergleichen. Der böse König erntet beim Publikum wohl mehr Kritik als der Verwalter. Ein alter Mann im Wald, der zauberkundige Ratgeber im »Vogel Phönix«, steht dem volkstümlichen Märchenstil sicherlich näher als mitleidige Räuber, die einen Brief an die Königin umschreiben. Was bedeuten die drei goldenen Haare vom Haupt des Teufels oder die Federn vom Phönix oder (in der Grimm'schen Variante aus der Schweiz) vom Vogel Greif? Welcher Dämon ist überhaupt der »richtige«?

Auch der Jüngling wird von den verschiedenen Erzählerinnen unterschiedlich benannt. Ein »Glückskind« ist er erst seit 1819. Amalie Hassenpflug berichtete noch von einem schönen Holzhacker, den der Vater der Prinzessin zum Teufel schickt. In der relativ spät zugekommenen Schweizer Version mit dem Vogel Greif ist der Held ein gutherziger Dummling. Diese liebenswürdige Variante steht zwar auch in der Ausgabe letzter Hand, jedoch – wohl wegen der Aargauer Mundart – hinsichtlich ihrer Bekanntheit deutlich im Schatten von »Der Teufel mit den drei goldenen Haaren«. [17]

In der Fassung des Märchens à la Viehmann unternimmt der König drei Versuche, um den unliebsamen Schwiegersohn loszuwerden. Einem Schicksalsmärchen gleicht der erste Teil der Erzählung. Er berichtet von der Aussetzung des Babys, danach vom sogenannten Uriasbrief. Hier liegen alttestamentarische Bezüge auf der Hand: Moses' Aussetzung im Körbchen beziehungsweise ein Brief, der seinem unwissenden Überbringer Unheil bringen

17 KHM 165: Der Vogel Greif, seit 1837 in den »Kinder- und Hausmärchen«. Weiteres siehe Barbara Gobrecht: Schweizerdeutsche Märchen zwischen Mündlichkeit und Schriftlichkeit. In: Fabula 38 (1997), S. 42-64.

soll. Oft wird im Märchen ein Neugeborenes, meist ein schöner Knabe, dem Wasser überantwortet, aber glücklicherweise gerettet und dann von einfachen, kinderlosen Menschen aufgezogen. Ein solches Waisenkind hat von Anfang an etwas Mitleiderregendes und zugleich Heldenhaftes an sich – und heiratet am Ende die Tochter eines mächtigen Mannes oder sogar Königs.[18] Der Junge dieses Märchens wird mit einer Glückshaut oder -haube geboren und darum als »Glückskind« bezeichnet. Das Hängenbleiben der Embryonalhaut auf dem Kopf eines neugeborenen Kindes galt seit der Antike als günstiges Vorzeichen.[19] Wohl deutet die Glückshaut voraus auf die späteren Erfolge des Jünglings, aber sie begründet sie nicht. Als echter Märchenheld ist er allerdings begnadet. Nur weil er sich im Wald verirrt, findet er die richtigen Helfer. Und das ausgerechnet in einem Räuberhaus (Spiegelbild der Hölle)! Die hilfreiche Alte (Spiegelbild der Teufelsgroßmutter) spricht deutlich aus, was die Hörer längst ahnen: »Räuber« heißt im Märchen immer auch »Mörder«. Die Gefahr, vom Teufel getötet zu werden, wird also durch die Räuber vorweggenommen, gedoppelt. Doch angesichts der unbegreiflichen Bosheit des Königs bewirken die »kleineren« Bösewichter das Gute – und der Jüngling wird mit der Königstochter vermählt.

Im zweiten Teil entwickelt der bislang Passive viel eigene Initiative und Mut. Das einstige Glückskind scheint zum Mann gereift und verliert einen Teil seiner rührenden Unschuld. Die allermeisten Märchenhörer dürften ihm nachsehen, dass er seinen bösen, goldgierigen Schwiegervater mit einer bewussten Lüge dem ewigen Fährmann in die Arme treibt. Ist seine dreimalige Antwort »Ich weiß alles« hochmütig oder bezeichnend für seine innere Zuversicht? Sie trägt ihm jedenfalls drei weitere, schwierige

---

18 Enzyklopädie des Märchens. Band 6: Drei Haare vom Bart des Teufels (Ulrich Marzolph); Band 1: Aussetzung (Gerhard Binder).
19 Enzyklopädie des Märchens. Band 11: Schicksalskind (Rolf Wilhelm Brednich).

Aufgaben ein: die Lebensfragen anderer, denen er helfen kann, sofern er der Hölle entrinnt. Ein Brunnen gibt kein Wasser, und ein Baum mit Goldäpfeln verdorrt. Das Übel sitzt oder nagt an der Wurzel, muss darum an der Wurzel gepackt werden. Das weiß nur der Teufel (oder ein vergleichbares Wesen aus der jenseitigen Welt). Der hat all das Übel vielleicht selbst bewirkt, denn dieses Wissen muss ihm buchstäblich entrissen werden.

Kinder lieben die Ellermutter. Des Teufels Großmutter sieht »gar nicht so böse aus« und nimmt den Märchenhörern die Angst vor den Szenen in der Hölle. Diese ist »schwarz und rußig«, obwohl eben gekehrt! Die Ironie geht noch weiter: Der Unreine, allzeit Stinkende merkt, dass die Luft »nicht rein« ist. Wie ein richtiger Menschenfresser alias Riese, mit der bekannten doppelten Grimmformel, sagt der Teufel: »Ich rieche, rieche Menschenfleisch.« Doch in der Hölle, beim christlich gedachten Teufel, müsste dieser Geruch nicht speziell hervorgehoben werden. Wie eine gestrenge Mutter mahnt ihn die Alte und fordert ihn auf, sein Abendbrot zu essen. In der Hölle ist es also nicht unähnlich wie bei den Kindern zu Hause …

Mit Hilfe der Ellermutter erhält der junge Mann zum einen die richtigen Antworten auf drängende Lebensfragen, die seinen Weg begleiten, zum anderen die drei goldenen Haare, welche der König von ihm verlangt hat. Haare gelten als Sitz der Weisheit und Stärke von Dämonen. Bildlich überzeugen drei zu holende Federn mehr, denn im Volksglauben besitzt die Feder magische Kraft. Die Federn des Vogels Phönix sind von Gold und Purpur. Er, der sagenhafte Vogel, der sich selbst verbrennt und aus der Asche verjüngt aufsteigt, verkörpert wiederkehrende Erneuerung und Ewigkeit.[20] Nun hat ja der menschlich gedachte Teufel keine Federn. Logischer als dieser eignen sich hier andere Gestalten der

---

20 Enzyklopädie des Märchens. Band 4: Feder (Helmut Fischer); Band 10: Phönix (Werner Bies).

Jenseitswelt zum Märchendämon: Mischwesen von ambivalentem Charakter wie der Vogel Greif oder symbolträchtige Fabeltiere wie der Phönix.

Gemäß der Schriftstellerin Joanne Rowling bilden zwei goldene Schwanzfedern eines scharlachroten Phönix' die magischen Kerne von Zauberstäben. Dieser Phönix ist das Haustier von Albus Dumbledore, Direktor der Zauberschule Hogwarts, nicht in einem Märchen, sondern in der populären Fantasy-Romanreihe »Harry Potter«. Gegen die Schreckensherrschaft von Lord Voldemort – das ist der dunkle Antagonist des Titelhelden – hat der große Zauberer Dumbledore den »Orden des Phönix« gegründet.

Ob Phönix oder Teufel, Federn oder goldene Haare, ob in der frühen oder in der letzten Fassung des Grimm'schen Märchens: Das Glück, das dem Jüngling im ersten Teil »zugefallen« ist, kann, ja muss der junge Ehemann sich im zweiten mit seiner Reise zum Dämon verdienen.

Rapunzel

E s war einmal ein Mann und eine Frau, die hatten sich
schon lange ein Kind gewünscht und nie eins bekommen, endlich aber ward die Frau guter Hoffnung. Diese Leute
hatten in ihrem Hinterhaus ein kleines Fenster, daraus konnten sie
in den Garten einer Fee sehen, der voll von Blumen und Kräutern
stand, allerlei Art. Keiner aber durfte es wagen, in den Garten
hineinzugehen.

Eines Tages stand die Frau an diesem Fenster und sah hinab.
Da erblickte sie wunderschöne Rapunzeln[21] auf einem Beet und
wurde so lüstern danach und wusste doch, dass sie keine davon bekommen konnte, dass sie ganz abfiel und elend wurde. Ihr Mann
erschrak endlich und fragte nach der Ursache. »Ach, wenn ich
keine von den Rapunzeln aus dem Garten hinter unserm Haus
zu essen kriege, so muss ich sterben.« Der Mann, welcher sie gar
lieb hatte, dachte, es mag kosten was es will, so willst du ihr doch
welche schaffen, stieg eines Abends über die hohe Mauer und
stach in aller Eile eine Handvoll Rapunzeln aus, die er seiner Frau
brachte. Die Frau machte sich sogleich Salat daraus und aß sie in
vollem Heißhunger auf.

Sie hatten ihr aber so gut, so gut geschmeckt, dass sie den andern Tag noch dreimal so viel Lust bekam. Der Mann sah wohl,
dass keine Ruh wäre, also stieg er noch einmal in den Garten,
allein er erschrak gewaltig, als die Fee darin stand und ihn heftig
schalt, dass er es wage, in ihren Garten zu kommen und daraus zu
stehlen. Er entschuldigte sich, so gut er konnte, mit der Schwangerschaft seiner Frau, und wie gefährlich es sei, ihr dann etwas

---

21 Feldsalat, schweizerisch: Nüsslisalat.

abzuschlagen. Endlich sprach die Fee: »Ich will mich zufrieden geben und dir selbst gestatten Rapunzeln mitzunehmen, so viel du willst, sofern du mir das Kind geben wirst, womit deine Frau jetzt geht.« In der Angst sagte der Mann alles zu, und als die Frau in Wochen kam, erschien die Fee sogleich, nannte das kleine Mädchen »Rapunzel« und nahm es mit sich fort.

Dieses Rapunzel wurde das schönste Kind unter der Sonne, wie es aber zwölf Jahr alt war, so schloss es die Fee in einen hohen, hohen Turm, der hatte weder Tür noch Treppe, nur bloß ganz oben war ein kleines Fensterchen. Wenn nun die Fee hineinwollte, so stand sie unten und rief:

> »Rapunzel, Rapunzel!
> Lass mir dein Haar herunter.«

Rapunzel hatte aber prächtige Haare, fein wie gesponnenes Gold, und wenn die Fee so rief, so band sie sie los, wickelte sie oben um einen Fensterhaken, und dann fielen die Haare zwanzig Ellen tief hinunter, und die Fee stieg daran hinauf.

Eines Tages kam nun ein junger Königssohn durch den Wald, wo der Turm stand, sah das schöne Rapunzel oben am Fenster stehen und hörte sie mit so süßer Stimme singen, dass er sich ganz in sie verliebte. Da aber keine Türe im Turm war und keine Leiter so hoch reichen konnte, so geriet er in Verzweiflung, doch ging er alle Tage in den Wald hin, bis er einstmals die Fee kommen sah, die sprach:

> »Rapunzel, Rapunzel!
> Lass dein Haar herunter.«

Darauf sah er wohl, auf welcher Leiter man in den Turm kommen konnte. Er hatte sich aber die Worte wohl gemerkt, die man sprechen musste, und des andern Tages, als es dunkel war, ging er an den Turm und sprach hinauf:

> »Rapunzel, Rapunzel,
> lass dein Haar herunter!«

Da ließ sie die Haare los, und wie sie unten waren, machte er sich daran fest und wurde hinaufgezogen.

Rapunzel erschrak nun anfangs, bald aber gefiel ihr der junge König so gut, dass sie mit ihm verabredete, er solle alle Tage kommen und hinaufgezogen werden. So lebten sie lustig und in Freuden eine geraume Zeit, und die Fee kam nicht dahinter, bis eines Tages das Rapunzel anfing und zu ihr sagte: »Sag' sie mir doch, Frau Gothel, meine Kleiderchen werden mir so eng und wollen nicht mehr passen.« »Ach du gottloses Kind«, sprach die Fee, »was muss ich von dir hören«, und sie merkte gleich, wie sie betrogen wäre, und war ganz aufgebracht. Da nahm sie die schönen Haare Rapunzels, schlug sie ein paar Mal um ihre linke Hand, griff eine Schere mit der rechten und ritsch, ritsch, waren sie abgeschnitten. Darauf verwies sie Rapunzel in eine Wüstenei, wo es ihr sehr kümmerlich erging und sie nach Verlauf einiger Zeit Zwillinge, einen Knaben und ein Mädchen, gebar.

Denselben Tag aber, wo sie Rapunzel verstoßen hatte, machte die Fee abends die abgeschnittenen Haare oben am Haken fest, und als der Königssohn kam:

»Rapunzel, Rapunzel,
lass dein Haar herunter!«,

so ließ sie zwar die Haare nieder, allein wie erstaunte der Prinz, als er statt seines geliebten Rapunzels die Fee oben fand. »Weißt du was«, sprach die erzürnte Fee, »Rapunzel ist für dich Bösewicht auf immer verloren!«

Da wurde der Königssohn ganz verzweifelt und stürzte sich gleich den Turm hinab. Das Leben brachte er davon, aber die beiden Augen hatte er sich ausgefallen. Traurig irrte er im Wald herum, aß nichts als Gras und Wurzeln, und tat nichts als weinen.

Einige Jahre nachher gerät er in jene Wüstenei, wo Rapunzel kümmerlich mit ihren Kindern lebte, ihre Stimme deuchte ihm so bekannt, in demselben Augenblick erkannte sie ihn auch und fällt ihm um den Hals. Zwei von ihren Tränen fallen in seine Augen, da werden sie wieder klar, und er kann damit sehen, wie sonst.

Zu diesem Märchen

Im deutschsprachigen Raum gehört das Märchen von der langhaarigen Schönen auf dem Turm zu den 20 beliebtesten und in ganz Europa zu den meistillustrierten. Wer die klassische Grimm'sche Fassung kennt, wird sich vermutlich weder an eine Fee erinnern noch an Rapunzels und des Prinzen lustige und freudvolle Zeit im Turm oder an die eindeutig daraus resultierende, voreheliche Schwangerschaft der Titelheldin. Davon teilt uns Wilhelm Grimm in der Ausgabe letzter Hand (1857) tatsächlich nichts mehr mit, wohl aber sein Bruder Jacob im Erstdruck (1812). Diese weniger bekannte Fassung ist hier, sprachlich behutsam modernisiert, wiedergegeben. Die altmodische Orthographie (»Thurm«) und grammatisch Störendes (»wurde verzweifelnd«) habe ich korrigiert und die Interpunktion nach modernen Gesichtspunkten vereinheitlicht. Außerdem wurden – wie auch in den anderen Texten dieser Auswahlsammlung – bei langen Sätzen zusätzliche Kommata oder Punkte und ein paar Absätze eingefügt. So mag sich dieses Märchen in der frühesten Grimm-Version noch besser zum Erzählen und Vorlesen eignen.

Hinter seiner schriftlichen »Rapunzel«-Quelle vermutete Jacob Grimm mündliche Überlieferung. Aber hier irrte er. Das Märchen in dieser Form, mit der Zwillingsschwangerschaft und der Verstoßung der Heldin, stammt aus Frankreich. Die Schriftstellerin Charlotte Rose de Caumont de la Force hatte es 1697 unter dem Titel »Persinette« (»Petersilchen«) veröffentlicht. Das wussten die Grimms nur nicht, die seinerzeit eine deutsche Übertragung des französischen Feenmärchens von einem Unterhaltungsschriftsteller namens Joachim Friedrich Christian Schulz vorliegen hatten. Den Text von Schulz hat Jacob Grimm gekürzt, die Geschichte klarer und einfacher erzählt.

Ab 1819 schmückte Wilhelm die Fassung seines Bruders stilistisch wieder aus. Er machte aus der nicht per se »bösen« Fee eine alte, von aller Welt gefürchtete, giftig blickende, unbarmherzige Zauberin. »Anstößige« Stellen schrieb Wilhelm um. Rapunzels Schwangerschaft hat er ab 1819 verschleiert und ihr Liebesverhältnis mit dem Königssohn ab 1837 legalisiert, indem er das Motiv einer förmlichen Eheschließung im Turm hinzufügte: »und sagte ja und legte ihre Hand in seine Hand«.[22] Wilhelm verpasste dem heute bekannten Text mehr Gefühl, ja Schwermut (Zorn der Zauberin, »arme« Rapunzel, »in großem Jammer und Elend«) und nahm ihm damit viel von der Frische und Direktheit, die Jacobs Fassung auszeichnet.

Wer die verschiedenen Fassungen im Detail vergleichen will, mag den reich bebilderten Katalog »Rapunzel: Traditionen eines europäischen Märchenstoffes in Dichtung und Kunst« zur Hand nehmen. Dort hat Bernhard Lauer alle wesentlichen, historisch belegbaren Bearbeitungsstufen vom neapolitanischen Urtext (Giambattista Basile, 1634) bis zur Grimm'schen Ausgabe letzter Hand wiedergegeben.[23]

Geschichten vom Typ »Jungfrau im Turm« enthalten viele typische Märchen- und Mythenmotive: den Garten als Tabu-Ort, Heißhunger einer Schwangeren auf Rapunzelsalat oder Petersilie, Äpfel oder Fenchel, die später dem Kind den Namen geben, das Versprechen des Ungeborenen an ein dämonisches Wesen. Und natürlich das wunderschöne Mädchen, das im pubertären Alter in einen Turm eingesperrt wird, um wirklich jeden Mann und

---

22 Heinz Rölleke: Grimms Märchen und ihre Quellen. Die literarischen Vorlagen der Grimmschen Märchen synoptisch vorgestellt und kommentiert. Trier 2004, S. 552.
23 Brüder Grimm-Museum. Kassel 1993, S. 13-32.

damit die Möglichkeit einer Schwangerschaft auszuschließen; schließlich das Motiv des Haarabschneidens.[24]

Im »Rapunzel«-Märchen sind ihre Bewacherin und der junge Prinz Gegenspieler. Wo immer er als berechnender Verführer auftritt, wird – auf der anderen Seite – das Handeln der Erzieherin besser motiviert und für die Hörer nachvollziehbar. So hängt noch bei Schulz das ganze Herz der Fee an ihrem schönen Garten, und sie nimmt Rapunzel zu derem eigenen Schutz zu sich, weil sie weiß, dass bei ihrer Geburt »ein unglücklicher Stern« geschienen hat. Auch noch bei Schulz kann man lesen, dass sie das Mädchen »sehr sorgfältig erziehen« lässt.

Bei den Grimms heißt die Fee »Frau Gothel«, also Patin. Doch der Versuch jeder Feenpatin, ein pubertäres Rapunzel alias Petersilchen vor dem sinnlichen Erwachen zu schützen, schlägt unweigerlich fehl. Viel mehr als ihre »süße Stimme« signalisieren Rapunzels lange, goldene Haare höchste erotische Herausforderung. In Frankreich sind sie 30 Ellen lang, bei den Grimms immerhin noch 20. Das wären, im Fall von Brabanter Ellen, ganze 14 Meter Haare, bei Frankfurter Ellen auch noch stattliche elf Meter Länge.

Die blonde Haarleiter der Jungfrau auf dem Turm ist das zentrale Bild des Märchens und in der Moderne oft Gegenstand von Persiflagen. Für den Animationsfilm (2010) wirbt Disney so: »Erwarte Abenteuer, Herz, Humor und Haar … viel Haar, wenn Rapunzel ihre Locken in den Kinos herunterfallen lässt.«

Gerade im Fall von »Rapunzel« lohnt es sich, zur reizvollen frühesten Grimmfassung zurückzugehen.

---

24 Enzyklopädie des Märchens. Band 7: Jungfrau im Turm (Hans-Jörg Uther); Band 12: Schwangerschaft (Barbara Gobrecht). Barbara Gobrecht: Verführung im Turm. Rapunzel und ihre Schwestern. In: Der Vater in Märchen, Mythos und Moderne. Burg und Schloss, Tor und Turm im Märchen. Herausgegeben von Harlinda Lox u. a. Krummwisch 2008, S. 135-154.

Der Eisenhans

Es war einmal ein König, der hatte einen großen Wald bei seinem Schloss, darin lief Wild aller Art herum. Zu einer Zeit schickte er einen Jäger hinaus, der sollte ein Reh schießen, aber er kam nicht wieder. »Vielleicht ist ihm ein Unglück zugestoßen«, sagte der König und schickte den folgenden Tag zwei andere Jäger hinaus, die sollten ihn aufsuchen, aber die blieben auch weg. Da ließ er am dritten Tag alle seine Jäger kommen und sprach: »Streift durch den ganzen Wald und lasst nicht ab, bis ihr sie alle drei gefunden habt.« Aber auch von diesen kam keiner wieder heim, und von der Meute Hunde, die sie mitgenommen hatten, ließ sich keiner wieder sehen. Von der Zeit an wollte sich niemand mehr in den Wald wagen, und er lag da in tiefer Stille und Einsamkeit, und man sah nur zuweilen einen Adler oder Habicht darüber hinfliegen.

Das dauerte viele Jahre, da meldete sich ein fremder Jäger bei dem König, suchte eine Versorgung und erbot sich, in den gefährlichen Wald zu gehen. Der König aber wollte seine Einwilligung nicht geben und sprach: »Es ist nicht geheuer darin, ich fürchte, es geht dir nicht besser als den andern, und du kommst nicht wieder heraus.« Der Jäger antwortete: »Herr, ich will's auf meine Gefahr wagen: Von Furcht weiß ich nichts.«

Der Jäger begab sich also mit seinem Hund in den Wald. Es dauerte nicht lange, so geriet der Hund einem Wild auf die Fährte und wollte hinter ihm her; kaum aber war er ein paar Schritte gelaufen, so stand er vor einem tiefen Pfuhl, konnte nicht weiter, und ein nackter Arm streckte sich aus dem Wasser, packte ihn und zog ihn hinab. Als der Jäger das sah, ging er zurück und holte drei Männer, die mussten mit Eimern kommen und das Wasser ausschöpfen. Als sie auf den Grund sehen konnten, so lag da ein wilder Mann, der braun am Leib war wie rostiges Eisen, und dem die Haare über das Gesicht bis zu den Knien herabhingen. Sie banden ihn mit Stricken und führten ihn fort in das Schloss. Da war große Verwunderung über den wilden Mann, der König aber ließ ihn in einen eisernen Käfig auf seinen Hof setzen und verbot bei Lebensstrafe, die Türe des Käfigs zu öffnen, und die Königin musste den Schlüssel selbst in Verwahrung nehmen. Von nun an konnte ein jeder wieder mit Sicherheit in den Wald gehen.

Der König hatte einen Sohn von acht Jahren, der spielte einmal auf dem Hof, und bei dem Spiel fiel ihm sein goldener Ball in den Käfig. Der Knabe lief hin und sprach: »Gib mir meinen Ball heraus.« »Nicht eher«, antwortete der Mann, »als bis du mir die Türe aufgemacht hast.« »Nein«, sagte der Knabe, »das tue ich nicht, das hat der König verboten«, und lief fort. Am andern Tag kam er wieder und forderte seinen Ball; der wilde Mann sagte: »Öffne meine Türe«, aber der Knabe wollte nicht. Am dritten Tag war der König auf die Jagd geritten, da kam der Knabe nochmals· und sagte: »Wenn ich auch wollte, ich kann die Türe nicht öffnen, ich habe den Schlüssel nicht.« Da sprach der wilde Mann: »Er liegt unter dem Kopfkissen deiner Mutter, da kannst du ihn holen.« Der Knabe, der seinen Ball wiederhaben wollte, schlug alles Bedenken in den Wind und brachte den Schlüssel herbei. Die Türe ging schwer auf, und der Knabe klemmte sich den Finger. Als sie offen war, trat der wilde Mann heraus, gab ihm den goldenen Ball und eilte hinweg. Dem Knaben war angst geworden, er schrie und rief ihm nach: »Ach, wilder Mann, geh nicht fort, sonst bekomme ich Schläge.« Der wilde Mann kehrte um, hob ihn auf, setzte ihn auf seinen Nacken und ging mit schnellen Schritten in den Wald hinein.

Als der König heimkam, bemerkte er den leeren Käfig und fragte die Königin, wie das zugegangen wäre. Sie wusste nichts davon, suchte den Schlüssel, aber er war weg. Sie rief den Knaben, aber niemand antwortete. Der König schickte Leute aus, die ihn auf dem Felde suchen sollten, aber sie fanden ihn nicht. Da konnte er leicht erraten, was geschehen war, und es herrschte große Trauer an dem königlichen Hof.

Als der wilde Mann wieder in dem finstern Wald angelangt war, so setzte er den Knaben von den Schultern herab und sprach zu ihm: »Vater und Mutter siehst du nicht wieder, aber ich will dich bei mir behalten, denn du hast mich befreit, und ich habe Mitleid mit dir. Wenn du alles tust, was ich dir sage, so sollst du's gut haben. Schätze und Gold habe ich genug und mehr als jemand in der Welt.« Er machte dem Knaben ein Lager von Moos, auf dem er einschlief, und am andern Morgen führte ihn der Mann zu einem Brunnen und sprach: »Siehst du, der Goldbrunnen ist hell und klar wie Kristall: Du sollst dabeisitzen und achthaben, dass nichts hineinfällt, sonst ist er verunehrt. Jeden Abend komme ich und sehe, ob du mein Gebot befolgt hast.« Der Knabe setzte sich an den Rand des Brunnens, sah, wie manchmal ein goldner Fisch, manchmal eine goldne Schlange sich darin zeigte, und hatte acht, dass nichts hineinfiel. Als er so saß, schmerzte ihn einmal der Finger so heftig, dass er ihn unwillkürlich in das Wasser steckte. Er zog ihn schnell wieder heraus, sah aber, dass er ganz vergoldet war, und wie große Mühe er sich gab, das Gold wieder abzuwischen, es war alles vergeblich. Abends kam der Eisenhans zurück, sah den Knaben an und sprach: »Was ist mit dem Brunnen geschehen?« »Nichts, nichts«, antwortete er und hielt den Finger auf den Rücken, dass er ihn nicht sehen sollte. Aber der Mann sagte: »Du hast den Finger in das Wasser getaucht: Diesmal mag's hingehen, aber hüte dich, dass du nicht wieder etwas hineinfallen lässt.«

Am frühsten Morgen saß er schon bei dem Brunnen und bewachte ihn. Der Finger tat ihm wieder weh, und er fuhr damit über seinen Kopf, da fiel unglücklicherweise ein Haar herab in den Brunnen. Er nahm es schnell heraus, aber es war schon ganz vergoldet. Der Eisenhans kam und wusste schon, was geschehen war. »Du hast ein Haar in den Brunnen fallen lassen«, sagte er, »ich will dir's noch einmal nachsehen, aber wenn's zum dritten Mal geschieht, so ist der Brunnen entehrt, und du kannst nicht länger bei mir bleiben.«

Am dritten Tag saß der Knabe am Brunnen und bewegte den Finger nicht, wenn er ihm noch so wehtat. Aber die Zeit ward ihm lang, und er betrachtete sein Angesicht, das auf dem Wasserspiegel stand. Und als er sich dabei immer mehr beugte und sich recht in die Augen sehen wollte, so fielen ihm seine langen Haare von den Schultern herab in das Wasser. Er richtete sich schnell in die Höhe, aber das ganze Haupthaar war schon vergoldet und glänzte wie eine Sonne. Ihr könnt denken, wie der arme Knabe erschrak. Er nahm sein Taschentuch und band es um den Kopf, damit es der Mann nicht sehen sollte. Als er kam, wusste er schon alles und sprach: »Binde das Tuch auf.« Da quollen die goldenen Haare hervor, und der Knabe mochte sich entschuldigen, wie er wollte, es half ihm nichts. »Du hast die Probe nicht bestanden und kannst nicht länger hier bleiben. Geh hinaus in die Welt, da wirst du erfahren, wie die Armut tut. Aber weil du kein böses Herz hast und ich's gut mit dir meine, so will ich dir eins erlauben: Wenn du in Not gerätst, so geh zu dem Wald und rufe ›Eisenhans‹, dann will ich kommen und dir helfen. Meine Macht ist groß, größer, als du denkst, und Gold und Silber habe ich im Überfluss.«

Da verließ der Königssohn den Wald und ging über gebahnte und ungebahnte Wege immerzu, bis er zuletzt in eine große Stadt kam. Er suchte da Arbeit, aber er konnte keine finden und hatte auch nichts erlernt, womit er sich hätte forthelfen können. Endlich ging er in das Schloss und fragte, ob sie ihn behalten wollten. Die Hofleute wussten nicht, wozu sie ihn brauchen sollten, aber sie hatten Wohlgefallen an ihm und hießen ihn bleiben. Zuletzt nahm ihn der Koch in Dienst und sagte, er könnte Holz und Wasser tragen und die Asche zusammenkehren. Einmal, als gerade kein anderer zur Hand war, hieß ihn der Koch die Speisen zur königlichen Tafel tragen, da er aber seine goldenen Haare nicht wollte sehen lassen, so behielt er sein Hütchen auf. Dem König war so etwas noch nicht vorgekommen, und er sprach: »Wenn du zur königlichen Tafel kommst, musst du deinen Hut abziehen.« »Ach Herr«, antwortete er, »ich kann nicht, ich habe einen bösen Grind auf dem Kopf.« Da ließ der König den Koch herbeirufen, schalt ihn und fragte, wie er einen solchen Jungen hätte in seinen Dienst nehmen können; er sollte ihn gleich fortjagen. Der Koch aber hatte Mitleiden mit ihm und vertauschte ihn mit dem Gärtnerjungen.

Nun musste der Junge im Garten pflanzen und begießen, hacken und graben und Wind und böses Wetter über sich ergehen lassen. Einmal im Sommer, als er allein im Garten arbeitete, war der Tag so heiß, dass er sein Hütchen abnahm und die Luft ihn kühlen sollte. Wie die Sonne auf das Haar schien, glitzte und blitzte es, dass die Strahlen in das Schlafzimmer der Königstochter fielen und sie aufsprang, um zu sehen, was das wäre. Da erblickte sie den Jungen und rief ihn an: »Junge, bring mir einen Blumenstrauß.« Er setzte in aller Eile sein Hütchen auf, brach wilde Feldblumen ab und band sie zusammen. Als er damit die Treppe hinaufstieg, begegnete ihm der Gärtner und sprach: »Wie kannst du der Königstochter einen Strauß von schlechten Blumen bringen? Geschwind, hole andere, und suche die schönsten und seltensten aus.« »Ach nein«, antwortete der Junge, »die wilden riechen kräftiger und werden ihr besser gefallen.« Als er in ihr Zimmer kam, sprach die Königstochter: »Nimm dein Hütchen ab, es ziemt sich nicht, dass du ihn vor mir aufbehältst.« Er antwortete wieder: »Ich darf nicht, ich habe einen grindigen Kopf.« Sie griff aber nach dem Hütchen und zog es ab, da rollten seine goldenen Haare auf die Schultern herab, dass es prächtig anzusehen war. Er wollte fortspringen, aber sie hielt ihn am Arm und gab ihm eine Handvoll Dukaten. Er ging damit fort, achtete aber des Goldes nicht, sondern er brachte es dem Gärtner und sprach: »Ich schenke es deinen Kindern, die können damit spielen.«

Den andern Tag rief ihm die Königstochter abermals zu, er sollte ihr einen Strauß Feldblumen bringen, und als er damit eintrat, grapste sie gleich nach seinem Hütchen und wollte es ihm wegnehmen, aber er hielt es mit beiden Händen fest. Sie gab ihm wieder eine Handvoll Dukaten, aber er wollte sie nicht behalten und gab sie dem Gärtner zum Spielwerk für seine Kinder. Den dritten Tag ging's nicht anders, sie konnte ihm sein Hütchen nicht wegnehmen, und er wollte ihr Gold nicht.

Nicht lange danach ward das Land mit Krieg überzogen. Der König sammelte sein Volk und wusste nicht, ob er dem Feind, der übermächtig war und ein großes Heer hatte, Widerstand leisten könnte. Da sagte der Gärtnerjunge: »Ich bin herangewachsen und will mit in den Krieg ziehen, gebt mir nur ein Pferd.« Die andern lachten und sprachen: »Wenn wir fort sind, so suche dir eins: Wir wollen dir eins im Stall zurücklassen.« Als sie ausgezogen waren, ging er in den Stall und zog das Pferd heraus; es war an einem Fuß lahm und hickelte hunkepuus, hunkepuus. Dennoch setzte er sich auf und ritt fort nach dem dunkeln Wald. Als er an den Rand desselben gekommen war, rief er dreimal »Eisenhans« so laut, dass es durch die Bäume schallte. Gleich darauf erschien der wilde Mann und sprach: »Was verlangst du?« »Ich verlange ein starkes Ross, denn ich will in den Krieg ziehen.« »Das sollst du haben und noch mehr, als du verlangst.« Dann ging der wilde Mann in den Wald zurück, und es dauerte nicht lange, so kam ein Stallknecht aus dem Wald und führte ein Ross herbei, das schnaubte aus den Nüstern und war kaum zu bändigen. Und hinterher folgte eine große Schar Kriegsvolk, ganz in Eisen gerüstet, und ihre Schwerter blitzten in der Sonne. Der Jüngling übergab dem Stallknecht sein dreibeiniges Pferd, bestieg das andere und ritt vor der Schar her. Als er sich dem Schlachtfeld näherte, war schon ein großer Teil von des Königs Leuten gefallen, und es fehlte nicht viel, so mussten die übrigen weichen. Da jagte der Jüngling mit seiner eisernen Schar heran, fuhr wie ein Wetter über die Feinde und schlug alles nieder, was sich ihm widersetzte. Sie wollten fliehen, aber der Jüngling saß ihnen auf dem Nacken und ließ nicht ab, bis kein Mann mehr übrig war. Statt aber zu dem König zurückzukehren, führte er seine Schar auf Umwegen wieder zu dem Wald und rief den Eisenhans heraus. »Was verlangst du?«, fragte der wilde Mann. »Nimm dein Ross und deine Schar zurück und gib mir mein dreibeiniges Pferd wieder.« Es geschah alles, was er verlangte, und er ritt auf seinem dreibeinigen Pferd heim. Als der König wieder in sein Schloss kam, ging ihm seine Tochter entgegen und wünschte ihm Glück zu seinem Sieg. »Ich bin es nicht, der den Sieg davongetragen hat«, sprach er, »sondern ein fremder Ritter, der mir mit seiner Schar zu Hilfe kam.« Die Tochter wollte wissen, wer der fremde Ritter wäre, aber der König wusste es nicht und sagte: »Er hat die Feinde verfolgt, und ich habe ihn nicht wieder gesehen.« Sie erkundigte sich bei dem Gärtner nach seinem Jungen; der lachte aber und sprach: »Eben ist er auf seinem dreibeinigen Pferd heimgekommen, und die andern haben gespottet und gerufen: ›Da kommt unser Hunkepuus wieder an.‹ Sie fragten auch: ›Hinter welcher Hecke hast du derweil gelegen und geschlafen?‹ Er sprach aber: ›Ich habe das Beste getan, und ohne mich wäre es schlecht gegangen.‹ Da ward er noch mehr ausgelacht.«

Der König sprach zu seiner Tochter: »Ich will ein großes Fest ansagen lassen, das drei Tage währen soll, und du sollst einen goldenen Apfel werfen: Vielleicht kommt der Unbekannte herbei.« Als das Fest verkündet war, ging der Jüngling hinaus zu dem Wald und rief den Eisenhans. »Was verlangst du?«, fragte er. »Dass ich den goldenen Apfel der Königstochter fange.« »Es ist so gut, als hättest du ihn schon«, sagte Eisenhans, »du sollst auch eine rote Rüstung dazu haben und auf einem stolzen Fuchs reiten.«

Als der Tag kam, sprengte der Jüngling heran, stellte sich unter die Ritter und ward von niemand erkannt. Die Königstochter trat hervor und warf den Rittern einen goldenen Apfel zu, aber keiner fing ihn als er allein, aber sobald er ihn hatte, jagte er davon. Am zweiten Tag hatte ihn Eisenhans als weißen Ritter ausgerüstet und ihm einen Schimmel gegeben. Abermals fing er allein den Apfel, verweilte aber keinen Augenblick, sondern jagte damit fort. Der König ward bös und sprach: »Das ist nicht erlaubt, er muss vor mir erscheinen und seinen Namen nennen.« Er gab den Befehl, wenn der Ritter, der den Apfel gefangen habe, sich wieder davonmachte, so sollte man ihm nachsetzen, und wenn er nicht gutwillig zurückkehrte, auf ihn hauen und stechen.

Am dritten Tag erhielt er vom Eisenhans eine schwarze Rüstung und einen Rappen und fing auch wieder den Apfel. Als er aber damit fortjagte, verfolgten ihn die Leute des Königs, und einer kam ihm so nahe, dass er mit der Spitze des Schwertes ihm das Bein verwundete. Er entkam ihnen jedoch, aber sein Pferd sprang so gewaltig, dass der Helm ihm vom Kopf fiel, und sie konnten sehen, dass er goldene Haare hatte. Sie ritten zurück und meldeten dem König alles.

Am andern Tag fragte die Königstochter den Gärtner nach seinem Jungen. »Er arbeitet im Garten; der wunderliche Kauz ist auch bei dem Fest gewesen und erst gestern Abend wiedergekommen; er hat auch meinen Kindern drei goldene Äpfel gezeigt, die er gewonnen hat.« Der König ließ ihn vor sich fordern, und er erschien und hatte wieder sein Hütchen auf dem Kopf. Aber die Königstochter ging auf ihn zu und nahm es ihm ab, und da fielen seine goldenen Haare über die Schultern, und er war so schön, dass alle erstaunten. »Bist du der Ritter gewesen, der jeden Tag zu dem Fest gekommen ist, immer in einer andern Farbe, und der die drei goldenen Äpfel gefangen hat?«, fragte der König. »Ja«, antwortete er, »und da sind die Äpfel«, holte sie aus der Tasche und reichte sie dem König. »Wenn Ihr noch mehr Beweise verlangt, so könnt Ihr die Wunde sehen, die mir Eure Leute geschlagen haben, als sie mich verfolgten. Aber ich bin auch der Ritter, der Euch zum Sieg über die Feinde geholfen hat.« »Wenn du solche Taten verrichten kannst, so bist du kein Gärtnerjunge; sage mir, wer ist dein Vater?« »Mein Vater ist ein mächtiger König, und Goldes habe ich die Fülle und soviel ich nur verlange.« »Ich sehe wohl«, sprach der König, »ich bin dir Dank schuldig, kann ich dir etwas zu Gefallen tun?« »Ja«, antwortete er, »das könnt Ihr wohl, gebt mir Eure Tochter zur Frau.« Da lachte die Jungfrau und sprach: »Der macht keine Umstände, aber ich habe schon an seinen goldenen Haaren gesehen, dass er kein Gärtnerjunge ist«, ging dann hin und küsste ihn.

Zu der Vermählung kam sein Vater und seine Mutter und waren in großer Freude, denn sie hatten schon alle Hoffnung aufgegeben, ihren lieben Sohn wiederzusehen. Und als sie an der Hochzeitstafel saßen, da schwieg auf einmal die Musik, die Türen gingen auf, und ein stolzer König trat herein mit großem Gefolge. Er ging auf den Jüngling zu, umarmte ihn und sprach: »Ich bin der Eisenhans und war in einen wilden Mann verwünscht, aber du hast mich erlöst. Alle Schätze, die ich besitze, die sollen dein Eigentum sein.«

Zu diesem Märchen

Die Gegenüberstellung der beiden Zaubermärchen »Rapunzel« und »Eisenhans« ist ungewöhnlich, aber reizvoll. In mehrfacher Hinsicht bildet letzteres nämlich ein männliches Gegenstück zu ersterem, nicht nur wegen der langen, goldenen Haare der Helden.

Die Brüder Grimm beachteten eher die verborgene Schönheit des Königssohns unter schlechter Kleidung und seinen Dienst als Küchen-, dann als gemeinen Gärtnersjungen; sie bezeichneten den goldhaarigen Jüngling als männliches Aschenputtel.

In der Frühfassung des Frauenmärchens von Rapunzel und der Fee wie auch in diesem klassischen Männermärchen, das in der vorliegenden Form erst spät Einzug in Grimms Sammlung hielt (1850), verbringen Helden im vorpubertären Alter eine Zeit der Einsamkeit, ja völliger Isolation bei ihren gleichgeschlechtlichen, ambivalent gezeichneten Lehrmeistern: die eine auf einem hohen Turm, der andere im finsteren Wald. Was sie bei der Ersatzmutter beziehungsweise dem Ziehvater lernen, wird nur angedeutet. Beide, Jungfrau und Jüngling, durchleben im Machtbereich der dämonischen Wesen – kaum märchentypische Gegner, eher strenge Erzieher – keine eigentliche Leidenszeit, sondern dürfen sich in Ruhe entwickeln und Erfahrungen sammeln. Jedoch wird diese exklusive, enge Bindung nach Übertretung eines Tabus (konkret: nach der »Entehrung«) gelöst; die Mentoren kündigen beiden ein weiteres Zusammenleben auf. Der Jüngling freilich darf sich in Notsituationen auf seinen übernatürlichen Helfer berufen.

Diese Fassung letzter Hand ist eine Mischform aus dem Erzähltyp »Goldener« (das ist der Goldhaarige mit dem Zauberpferd) und dem Motivkomplex vom wilden Mann. Wilhelm Grimm mixte Teile aus einem schon 1815 gedruckten, viel kürzeren Dialektmärchen mit dem »Eisernen Hans« (erschienen 1844), einem wichtigen, aber sprachlich unbeholfenen Text von Friedmund, dem Sohn langjähriger Freunde der Grimms: Bettina und Achim von Arnim. Als Folge dieser Mischung (»Kontamination«) verstößt »Der Eisenhans« wiederholt gegen die normale Märchenlogik und wirft beim Hören einige Fragen auf. Die goldenen Haare zeichnen den Helden dauerhaft: Preis oder Strafe?

Der Tabubruch am Brunnen wird nicht geahndet – oder ist das Inkognito bei Hof und die Arbeit als Gärtnerjunge eine genügend harte Sühne für den Königssohn? Wovon muss der wilde Mann am Ende erlöst werden? Wer hatte ihn verwünscht – und warum?[25] Der literarisch anmutende Schluss à la Grimm ist so schön wie geheimnisvoll. Ich meine, als »Zugabe« zum finalen Märchenglück sollte man die »Erlösung« des Eisenhans nicht überinterpretieren. Besitzer, Hüter und Schenker von Gold gehören zumeist einer jenseitigen Sphäre an.[26] Der goldene Ball des Jungen stellt die Beziehung zum Eisenhans her. Am Goldbrunnen wird erst ein Finger, dann das Haupthaar vergoldet; es verrät später seine edle Herkunft. Und mit den goldenen Äpfeln kürt die Prinzessin märchengerecht ihren Bräutigam. Dem gegenüber spielt auch Eisen hier eine wichtige Rolle, evoziert das Wilde, das Männliche und Kriegerische. Der Zögling des wilden Mannes besteht auf wilden Blumen für die Königstochter. Auch ritterliche Farbsymbolik und die märchentypische Dreizahl werden wiederholt bemüht: dreimaliges Rufen im Wald, drei farblich passende Rüstungen und Pferde, drei goldene Äpfel.

Überreich an Symbolen, wurde »Der Eisenhans« zu einem Lieblingsmärchen der Interpreten – etwa des amerikanischen Schriftstellers Robert Bly, der es für seine Arbeit mit Männer-Selbsterfahrungsgruppen benutzte. Für mich sind Zaubermärchen nicht Therapiematerial, sondern gute Literatur, Sprachkunstwerke. »Hunkepuus« verbesserte Wilhelm Grimm schön lautmalerisch und bildhaft nach der mundartlichen Vorlage. Der erfahrene

---

25 Hans Kuhn: Von Eisen und Gold und hilfreichen Pferden: der »Eisenhans« und die »Goldener«-Märchen. In: Kupfer Silber Gold – Sonne Mond Sterne. Herausgegeben von Christine Altmann-Glaser. Winterthur 2004, S. 46; Maria Leonarda Castello: Und wenn sie nicht gestorben sind, dann leiden sie noch heute. Kindesmisshandlung und Rettung in Grimmschen Märchen. Gießen 2008, S. 83.
26 Enzyklopädie des Märchens. Band 5: Gold, Geld (Katalin Horn).

Textbearbeiter spielte gerade hier virtuos mit symbolträchtigen Motiven, die wir in ihrer Mehrdeutigkeit auf uns wirken lassen können und nicht mit interpretatorischem Übereifer ausdeuten müssen.

Ja: Das Märchen mit dem königlichen Vater, mit Eisenhans, dem Koch, dem Gärtner und dem König behandelt ausführlich die mögliche Vaterproblematik eines jungen Mannes; mit eisernem Kriegsvolk, dem starken Ross und dem Feind spielt es in einer dezidiert männlichen Welt. Ja: Die Stationen Spiel am Königshof – Wald und Probe am Brunnen – Küchendienst – Gartenarbeit – Krieg und Landesrettung – Ritterproben und Verwundung machen das Märchen zu einer geradezu klassischen Entwicklungsgeschichte. Und ja: Das neckisch-ernste Versteckspiel des Helden erinnert ein wenig an Aschenputtels Ballbesuche. Es wirkt jedoch ungleich heiterer, denn dieser Jüngling hat keinen echten Gegenspieler. Katalin Horn beobachtete richtig, dass der »Grindkopf«, der eigentlich der Goldene ist, mit den schönen Rüstungen und Pferden keine falschen Tatsachen vortäuscht. Sie sind die sichtbare, äußere Seite seiner wahren Identität und inneren Werte, zeigt ihn, wie er eigentlich ist – oder durch den Reifungsprozess geworden ist. Er möchte gesucht, entdeckt, in seiner erworbenen Reife, in seiner wahren Identität erkannt werden.[27]

Den größten Reiz dieses Märchens entdecke ich aber in seinem weiblichen Element, in der bemerkenswert selbstbewussten jüngsten Königstochter. Toll, wie sie in einer »blinden« Männerwelt den heranreifenden Helden beobachtet, ja erkennt! Als einzige schätzt sie ihn richtig ein: als ganzen Menschen, in der für ihn typischen Opposition von königlich goldenen Haaren und »männlich« wilden Blumen. In Grimms »Eisenhans«-Märchen erhält endlich einmal ein Kriegsheld nicht nur das gerettete

---

27 Katalin Horn: Der Märchenritter. Scherz, Ironie und tiefere Bedeutung. In: Märchenspiegel, November 1993, S. 10-12.

Königreich mitsamt nicht befragter Prinzessin als Trophäe. Diese Königstochter darf selbst wählen, und sie wählt gut. Die Entwicklung beidseitiger Liebe ist fein gezeichnet und ihre Beziehung vielversprechend, über das Märchen-Happyend hinaus.

Reiche Symbolsprache, mittelalterlicher Touch dank farbenprächtigem Rittertum, aber auch eine Liebesgeschichte: Das alles macht dieses Märchen liebenswert.

Die Bremer
Stadtmusikanten

Es hatte ein Mann einen Esel, der schon lange Jahre die Säcke unverdrossen zur Mühle getragen hatte, dessen Kräfte aber nun zu Ende gingen, so dass er zur Arbeit immer untauglicher ward. Da dachte der Herr daran, ihn aus dem Futter zu schaffen, aber der Esel merkte, dass kein guter Wind wehte, lief fort und machte sich auf den Weg nach Bremen: Dort, meinte er, könnte er ja Stadtmusikant werden.

Als er ein Weilchen fortgegangen war, fand er einen Jagdhund auf dem Wege liegen, der jappte wie einer, der sich müde gelaufen hat. »Nun, was jappst du so, Packan?«, fragte der Esel. »Ach«, sagte der Hund, »weil ich alt bin und jeden Tag schwächer werde, auch auf der Jagd nicht mehr fort kann, hat mich mein Herr wollen totschlagen, da hab ich Reißaus genommen; aber womit soll ich nun mein Brot verdienen?« »Weißt du was«, sprach der Esel, »ich gehe nach Bremen und werde dort Stadtmusikant, geh mit und lass dich auch bei der Musik annehmen. Ich spiele die Laute, und du schlägst die Pauken.« Der Hund war's zufrieden, und sie gingen weiter.

Es dauerte nicht lange, so saß da eine Katze an dem Weg und machte ein Gesicht wie drei Tage Regenwetter. »Nun, was ist dir in die Quere gekommen, alter Bartputzer?«, sprach der Esel. »Wer kann da lustig sein, wenn's einem an den Kragen geht«, antwortete die Katze, »weil ich nun zu Jahren komme, meine Zähne stumpf werden, und ich lieber hinter dem Ofen sitze und spinne, als nach Mäusen herumjage, hat mich meine Frau ersäufen wollen; ich habe mich zwar noch fortgemacht, aber nun ist guter Rat teuer:

Wo soll ich hin?«»Geh mit uns nach Bremen, du verstehst dich doch auf die Nachtmusik, da kannst du ein Stadtmusikant werden.« Die Katze hielt das für gut und ging mit.

Darauf kamen die drei Landesflüchtigen an einem Hof vorbei, da saß auf dem Tor der Haushahn und schrie aus Leibeskräften. »Du schreist einem durch Mark und Bein«, sprach der Esel, »was hast du vor?«»Da hab ich gut Wetter prophezeit«, sprach der Hahn, »weil unserer lieben Frauen Tag ist, wo sie dem Christkindlein die Hemdchen gewaschen hat und sie trocknen will; aber weil morgen zum Sonntag Gäste kommen, so hat die Hausfrau doch kein Erbarmen, und hat der Köchin gesagt, sie wollte mich morgen in der Suppe essen, und da soll ich mir heute Abend den Kopf abschneiden lassen. Nun schrei ich aus vollem Hals, solang ich noch kann.«»Ei was, du Rotkopf«, sagte der Esel, »zieh lieber mit uns fort, wir gehen nach Bremen, etwas Besseres als den Tod findest du überall; du hast eine gute Stimme, und wenn wir zusammen musizieren, so muss es eine Art haben.« Der Hahn ließ sich den Vorschlag gefallen, und sie gingen alle viere zusammen fort.

Sie konnten aber die Stadt Bremen in einem Tag nicht erreichen und kamen abends in einen Wald, wo sie übernachten wollten. Der Esel und der Hund legten sich unter einen großen Baum, die Katze und der Hahn machten sich in die Äste, der Hahn aber flog bis in die Spitze, wo es am sichersten für ihn war. Ehe er einschlief, sah er sich noch einmal nach allen vier Winden um, da deuchte ihn, er sähe in der Ferne ein Fünkchen brennen, und rief seinen Gesellen zu, es müsste nicht gar weit ein Haus sein, denn es scheine ein Licht. Sprach der Esel: »So müssen wir uns aufmachen und noch hingehen, denn hier ist die Herberge schlecht.« Der Hund meinte, ein paar Knochen und etwas Fleisch dran täten ihm auch gut. Also machten sie sich auf den Weg nach der Gegend, wo das Licht war, und sahen es bald heller schim-

95

mern, und es ward immer größer, bis sie vor ein hell erleuchtetes Räuberhaus kamen. Der Esel, als der größte, näherte sich dem Fenster und schaute hinein. »Was siehst du, Grauschimmel?«, fragte der Hahn. »Was ich sehe?«, antwortete der Esel, »einen gedeckten Tisch mit schönem Essen und Trinken, und Räuber sitzen daran und lassen's sich wohl sein.« »Das wäre was für uns«, sprach der Hahn. »Ja, ja, ach, wären wir da!«, sagte der Esel.

Da ratschlagten die Tiere, wie sie es anfangen müssten, um die Räuber hinauszujagen, und fanden endlich ein Mittel. Der Esel musste sich mit den Vorderfüßen auf das Fenster stellen, der Hund auf des Esels Rücken springen, die Katze auf den Hund klettern, und endlich flog der Hahn hinauf, und setzte sich der Katze auf den Kopf. Wie das geschehen war, fingen sie auf ein Zeichen insgesamt an, ihre Musik zu machen: Der Esel schrie, der Hund bellte, die Katze miaute und der Hahn krähte; dann stürzten sie durch das Fenster in die Stube hinein, dass die Scheiben klirrten. Die Räuber fuhren bei dem entsetzlichen Geschrei in die Höhe, meinten nicht anders, als ein Gespenst käme herein, und flohen in größter Furcht in den Wald hinaus. Nun setzten sich die vier Gesellen an den Tisch, nahmen mit dem vorlieb, was übrig geblieben war, und aßen, als wenn sie vier Wochen hungern sollten.

Wie die vier Spielleute fertig waren, löschten sie das Licht aus und suchten sich eine Schlafstätte, jeder nach seiner Natur und Bequemlichkeit. Der Esel legte sich auf den Mist, der Hund hinter die Türe, die Katze auf den Herd bei der warmen Asche, und der Hahn setzte sich auf den Hahnenbalken; und weil sie müde waren von ihrem langen Weg, schliefen sie auch bald ein.

Als Mitternacht vorbei war und die Räuber von weitem sahen, dass kein Licht mehr im Haus brannte, auch alles ruhig schien, sprach der Hauptmann: »Wir hätten uns doch nicht sollen ins Bockshorn jagen lassen«, und hieß einen hingehen und das Haus untersuchen. Der Abgeschickte fand alles still, ging in die Küche, ein Licht anzuzünden, und weil er die glühenden, feurigen Augen der Katze für lebendige Kohlen ansah, hielt er ein Schwefelhölz-chen daran, dass es Feuer fangen sollte. Aber die Katze verstand keinen Spaß, sprang ihm ins Gesicht, spie und kratzte. Da er-schrak er gewaltig, lief und wollte zur Hintertüre hinaus, aber der Hund, der da lag, sprang auf und biss ihn ins Bein; und als er über den Hof an dem Miste vorbeirannte, gab ihm der Esel noch einen tüchtigen Schlag mit dem Hinterfuß; der Hahn aber, der vom Lärmen aus dem Schlaf geweckt und munter geworden war, rief vom Balken herab: »Kikeriki!« Da lief der Räuber, was er konnte, zu seinem Hauptmann zurück und sprach: »Ach, in dem Haus sitzt eine greuliche Hexe, die hat mich angehaucht und mit ihren langen Fingern mir das Gesicht zerkratzt; und vor der Türe steht ein Mann mit einem Messer, der hat mich ins Bein gestochen; und auf dem Hof liegt ein schwarzes Ungetüm, das hat mit einer Holzkeule auf mich losgeschlagen; und oben auf dem Dache, da sitzt der Richter, der rief: ›Bringt mir den Schelm her.‹ Da machte ich, dass ich fortkam.«

Von nun an getrauten sich die Räuber nicht weiter in das Haus, den vier Bremer Musikanten gefiel's aber so wohl darin, dass sie nicht wieder herauswollten. Und der das zuletzt erzählt hat, dem ist der Mund noch warm.

Zu diesem Märchen

Märchen mit Tieren als Handlungsträgern werden immer wie-der als »Kindermärchen« bezeichnet und in die Nähe von Tier-schwänken oder Fabeln gerückt. Tiermärchen thematisieren oft den Sieg des Schwachen über den Starken. Stark und vermeintlich bösartig sind die Räuber, welche die vier Musikanten in die Flucht schlagen: zur Freude großer wie kleiner Märchenhörer. Erfuhren wir nicht schon früher von den Brüdern Grimm, dass Räuber im Waldhaus sogar potentielle Mörder sind? Diese Räuber scheinen vor allem dumm zu sein, weil sie an Gespenster glauben. Die Tiere hingegen waren schon vor Handlungsbeginn »gut«, sind aber um ihren verdienten Lohn gebracht, ja tödlich bedroht worden. Daher hat jeder mit ihnen Mitleid und ist bereit, ihre eigentlich unmoralische Tat, die Hausbesetzung, moralisch zu rechtfertigen.[28]

Sind »Die Bremer Stadtmusikanten« eine Geschichte für Kinder? Dieses Märchen handelt doch vom Alter und vom Problem, ausgemustert zu werden. Erwachsene jedenfalls verstehen die vier Haustiere als alte Menschen oder als einfallsreiches »Rentnerkollektiv«. Also dürfte das Märchen besonders Senioren ansprechen. Hier fehlen die Jenseitsbezüge des klassischen Zaubermärchens; dafür bieten Tiererzählungen wie diese eine spürbare Realitätsverhaftung und Charaktertypen.

Bis Bremen kamen die Vier bekanntlich nicht, obwohl sich die Stadt ihrer heute rühmt und sie als touristisches Erkennungszeichen vermarktet. Leute aus Brakel im Kreis Höxter behaupten zu wissen, wo das Räuberhaus beziehungsweise die Bleibe der Musikanten gestanden habe: zwischen Brakel und Bosseborn. Auf ihrer Website bezeichnen die Brakeler das Märchen als »Gesinde-Erzählung«, das auf die sozialutopischen Wünsche der Unterschicht in der bürgerlichen Gesellschaft des 19. Jahrhunderts eingehe. Vermittelt wurde es den Brüdern Grimm aber durch die adlige Familie von Haxthausen. Es ist das einzige Märchen, das August Freiherr von Haxthausen ausschließlich seiner eigenen Erinnerung zuschrieb.[29] Erfunden hat er die Geschichte jedoch nicht; der Erzähltyp »Tiere auf Wanderschaft« ist wesentlich älter.

---

28 Enzyklopädie des Märchens. Band 13: Tiermärchen (Werner Bies); Wilhelms Solms: Die Moral von Grimms Märchen. Darmstadt 1999, S. 118.
29 Ingrid Tomkowiak und Ulrich Marzolph: Grimms Märchen International. Zehn der bekanntesten Grimmschen Märchen und ihre europäischen und außereuropäischen Verwandten. Band 2: Kommentar. Paderborn – München – Wien – Zürich 1996, S. 45.

Da Wilhelm Grimm »Die Bremer Stadtmusikanten« für gut erzählt hielt, nahm er keine gravierenden inhaltlichen Eingriffe vor, wohl aber immer wieder kleine, feine Textänderungen, bis das Märchen in der Ausgabe letzter Hand die heute bekannte Form erhielt. Wilhelm fügte sprechende Namen ein wie »Packan« für den Hund oder »alter Bartputzer« für die Katze. Mit vielen sprichwörtlichen Redensarten und der Schlussformel des »Erzählers« suchte, ja schuf er mündlichen Charakter und mehr Volkstümlichkeit.

Ortsnamen und Verortungen sind typisch für die Sage, jedoch nicht für das Märchen. Warum also »Bremer« Stadtmusikanten? Man vermutete darin eine Hommage Wilhelm Grimms an den befreundeten Stadtbürgermeister oder aber die Hafen- und Hansestadt als »Traumziel« für Aussteigewillige. Gemäß der neuesten Theorie soll der Freiherr von Haxthausen den Städtenamen selbst eingefügt haben, um Bremen und speziell die dortige Stadtmusik ein wenig zu verspotten.[30] Dazu mochten − so Heinz Rölleke − den katholischen Landadeligen eine gewisse Missgunst auf das wohlhabende protestantische Bremen veranlasst haben und auf die »Anmaßung« seiner Bürger, sich wie ein Adelshof eine eigene Musikkapelle zu leisten.

Ein humorvolles, vorsichtig optimistisches Märchen mit ernstem Inhalt.

---

30 Heinz Rölleke: Grimms Märchen »Die Bremer Stadtmusikanten«. In: Fabula 43 (2002), S. 295-300.

Dornröschen I

Ein König und eine Königin kriegten gar keine Kinder. Eines Tags war die Königin im Bad, da kroch ein Krebs aus dem Wasser an Land und sprach: »Du wirst bald eine Tochter bekommen.« Und so geschah es auch, und der König in der Freude hielt ein großes Fest, und im Lande waren dreizehn Feen, er hatte aber nur zwölf goldne Teller und konnte also die dreizehnte nicht einladen.

Die Feen begabten sie mit allen Tugenden und Schönheiten. Wie nun das Fest zu Ende ging, so kam die dreizehnte Fee und sprach: »Ihr habt mich nicht gebeten, und ich verkündige Euch, dass Eure Tochter in ihrem fünfzehnten Jahr sich an einer Spindel in den Finger stechen und daran sterben wird.« Die andern Feen wollten dies so gut noch machen, als sie konnten, und sagten: Sie sollte nur hundert Jahre in Schlaf fallen.

Der König ließ aber den Befehl ausgehen, dass alle Spindeln im ganzen Reich abgeschafft werden sollten, welches geschah, und als die Königstochter nun fünfzehnjährig war und eines Tags die Eltern ausgegangen waren, so ging sie im Schloss herum und gelangte endlich an einen alten Turm. In den Turm führte eine enge Treppe, da kam sie zu einer kleinen Tür, worin ein gelber Schlüssel steckte, den drehte sie um und kam in ein Stübchen, worin eine alte Frau ihren Flachs spann. Und sie scherzte mit der Frau und wollte auch spinnen. Da stach sie sich in die Spindel und fiel alsbald in einen tiefen Schlaf. Da auch in dem Augenblick der König und der Hofstaat zurückgekommen war, so fing alles, alles im Schloss an zu schlafen, bis auf die Fliegen an den Wänden. Und um das ganze Schloss zog sich eine Dornhecke, dass man nichts davon sah.

Nach langer, langer Zeit kam ein Königssohn in das Land, dem erzählte ein alter Mann die Geschichte, die er sich erinnerte von seinem Großvater gehört zu haben, und dass schon viele versucht hätten durch die Dornen zu gehen, aber alle hängen geblieben wären. Als sich aber dieser Prinz der Dornhecke näherte, so taten sich alle Dornen vor ihm auf und vor ihm schienen sie Blumen zu sein, und hinter ihm wurden sie wieder zu Dörnern. Wie er nun in das Schloss kam, küsste er die schlafende Prinzessin, und alles erwachte von dem Schlaf, und die zwei heirateten sich, und wenn sie nicht gestorben sind, so leben sie noch.

Dornröschen II

Vor Zeiten war ein König und eine Königin, die sprachen jeden Tag: »Ach, wenn wir doch ein Kind hätten!«, und kriegten immer keins. Da trug sich zu, als die Königin einmal im Bade saß, dass ein Frosch aus dem Wasser ans Land kroch und zu ihr sprach: »Dein Wunsch wird erfüllt werden, ehe ein Jahr vergeht, wirst du eine Tochter zur Welt bringen.« Was der Frosch gesagt hatte, das geschah, und die Königin gebar ein Mädchen, das war so schön, dass der König vor Freude sich nicht zu lassen wusste und ein großes Fest anstellte. Er ladete nicht bloß seine Verwandte, Freunde und Bekannte, sondern auch die weisen Frauen dazu ein, damit sie dem Kind hold und gewogen wären. Es waren ihrer dreizehn in seinem Reiche, weil er aber nur zwölf goldene Teller hatte, von welchen sie essen sollten, so musste eine von ihnen daheim bleiben.

Das Fest ward mit aller Pracht gefeiert, und als es zu Ende war, beschenkten die weisen Frauen das Kind mit ihren Wundergaben: die eine mit Tugend, die andere mit Schönheit, die dritte mit Reichtum, und so mit allem, was auf der Welt zu wünschen ist. Als elfe ihre Sprüche eben getan hatten, trat plötzlich die dreizehnte herein. Sie wollte sich dafür rächen, dass sie nicht eingeladen war, und ohne jemand zu grüßen oder nur anzusehen, rief sie mit lauter Stimme:»Die Königstochter soll sich in ihrem fünfzehnten Jahr an einer Spindel stechen und tot hinfallen.« Und ohne ein Wort weiter zu sprechen, kehrte sie sich um und verließ den Saal. Alle waren erschrocken, da trat die zwölfte hervor, die ihren Wunsch noch übrig hatte, und weil sie den bösen Spruch nicht aufheben, sondern nur ihn mildern konnte, so sagte sie: »Es soll aber kein Tod sein, sondern ein hundertjähriger tiefer Schlaf, in welchen die Königstochter fällt.« Der König, der sein liebes Kind vor dem Unglück gern bewahren wollte, ließ den Befehl ausgehen, dass alle Spindeln im ganzen Königreiche sollten verbrannt werden. An dem Mädchen aber wurden die Gaben der weisen Frauen sämtlich erfüllt, denn es war so schön, sittsam, freundlich und verständig, dass es jedermann, der es ansah, lieb haben musste.

Es geschah, dass an dem Tage, wo es gerade fünfzehn Jahr alt ward, der König und die Königin nicht zu Haus waren und das Mädchen ganz allein im Schloss zurückblieb. Da ging es allerorten herum, besah Stuben und Kammern, wie es Lust hatte, und kam endlich auch an einen alten Turm. Es stieg die enge Wendeltreppe hinauf und gelangte zu einer kleinen Türe. In dem Schloss steckte ein verrosteter Schlüssel, und als es umdrehte, sprang die Türe auf, und saß da in einem kleinen Stübchen eine alte Frau mit einer Spindel und spann emsig ihren Flachs. »Guten Tag, du altes Mütterchen«, sprach die Königstochter,»was machst du da?«»Ich spinne«, sagte die Alte und nickte mit dem Kopf. »Was ist das für ein Ding, das so lustig herumspringt?«, sprach das Mädchen, nahm die Spindel und wollte auch spinnen. Kaum hatte sie aber die Spindel angerührt, so ging der Zauberspruch in Erfüllung, und sie stach sich damit in den Finger. In dem Augenblick aber, wo sie den Stich empfand, fiel sie auf das Bett nieder, das da stand, und lag in einem tiefen Schlaf. Und dieser Schlaf verbreitete sich über das ganze Schloss: Der König und die Königin, die eben heim gekommen waren und in den Saal getreten waren, fingen an einzuschlafen, und der ganze Hofstaat mit ihnen. Da schliefen auch die Pferde im Stall, die Hunde im Hofe, die Tauben auf dem Dache, die Fliegen an der Wand, ja, das Feuer, das auf dem Herde flackerte, ward still und schlief ein, und der Braten hörte auf zu brutzeln, und der Koch, der den Küchenjungen, weil er etwas versehen hatte, an den Haaren ziehen wollte, ließ ihn los und schlief. Und der Wind legte sich, und auf den Bäumen vor dem Schloss regte sich kein Blättchen mehr.

Rings um das Schloss aber begann eine Dornenhecke zu wachsen, die jedes Jahr höher ward, und endlich das ganze Schloss umzog und darüber hinauswuchs, dass gar nichts mehr davon zu sehen war, selbst nicht die Fahne auf dem Dach. Es ging aber die Sage in dem Land von dem schönen schlafenden Dornröschen, denn so ward die Königstochter genannt, also dass von Zeit zu Zeit Königssöhne kamen und durch die Hecke in das Schloss dringen wollten. Es war ihnen aber nicht möglich, denn die Dornen, als hätten sie Hände, hielten fest zusammen, und die Jünglinge blieben darin hängen, konnten sich nicht wieder losmachen und starben eines jämmerlichen Todes.

Nach langen Jahren kam wieder einmal ein Königssohn in das Land und hörte, wie ein alter Mann von der Dornhecke erzählte, es sollte ein Schloss dahinter stehen, in welchem eine wunderschöne Königstochter, Dornröschen genannt, schon seit hundert Jahren schliefe, und mit ihr schliefe der König und die Königin und der ganze Hofstaat. Er wusste auch von seinem Großvater, dass schon viele Königssöhne gekommen wären und versucht hätten, durch die Dornenhecke zu dringen, aber sie wären darin hängen geblieben und eines traurigen Todes gestorben. Da sprach der Jüngling: »Ich fürchte mich nicht, ich will hinaus und das schöne Dornröschen sehen.« Der gute Alte mochte ihm abraten, wie er wollte, er hörte nicht auf seine Worte.

Nun waren aber gerade die hundert Jahre verflossen, und der Tag war gekommen, wo Dornröschen wieder erwachen sollte. Als der Königssohn sich der Dornenhecke näherte, waren es lauter große schöne Blumen, die taten sich von selbst auseinander und ließen ihn unbeschädigt hindurch, und hinter ihm taten sie sich wieder als eine Hecke zusammen. Im Schlosshof sah er die Pferde und scheckigen Jagdhunde liegen und schlafen, auf dem Dache saßen die Tauben und hatten das Köpfchen unter den Flügel gesteckt. Und als er ins Haus kam, schliefen die Fliegen an der Wand, der Koch in der Küche hielt noch die Hand, als wollte er den Jungen anpacken, und die Magd saß vor dem schwarzen Huhn, das sollte gerupft werden. Da ging er weiter und sah im Saale den ganzen Hofstaat liegen und schlafen, und oben bei dem Throne lag der König und die Königin. Da ging er noch weiter, und alles war so still, dass einer seinen Atem hören konnte, und endlich kam er zu dem Turm und öffnete die Türe zu der kleinen Stube, in welcher Dornröschen schlief. Da lag es und war so schön, dass er die Augen nicht abwenden konnte, und er bückte sich und gab ihm einen Kuss. Wie er es mit dem Kuss berührt hatte, schlug Dornröschen die Augen auf, erwachte, und blickte ihn ganz freundlich an. Da gingen sie zusammen herab, und der König erwachte und die Königin und der ganze Hofstaat, und sahen einander mit großen Augen an. Und die Pferde im Hof standen auf und rüttelten sich; die Jagdhunde sprangen und wedelten; die Tauben auf dem Dache zogen das Köpfchen unterm Flügel hervor, sahen umher und flogen ins Feld; die Fliegen an den Wänden krochen weiter; das Feuer in der Küche erhob sich, flackerte und kochte das Essen; der Braten fing wieder an zu brutzeln; und der Koch gab dem Jungen eine Ohrfeige, dass er schrie; und die Magd rupfte das Huhn fertig. Und da wurde die Hochzeit des Königssohns mit dem Dornröschen in aller Pracht gefeiert, und sie lebten vergnügt bis an ihr Ende.

Zu diesen beiden Märchen

Welches Mädchen, ja auch welche reifere Frau möchte nicht einmal Dornröschen sein, das von seiner Erweckung durch einen Prinzen träumen darf, und welcher Junge nicht der Prinz, der mit seinem Kuss die Allerschönste vom Zauberschlaf erlösen kann? »Dornröschen« gehört seit nunmehr 200 Jahren zu den sechs beliebtesten deutschen Märchen. Grimms schlafende Schöne ziert alte wie neue Buchausgaben. Seit 1889 tanzen junge Prinzen und Prinzessinnen Tschaikowskys »Dornröschen«-Ballett, und seit etwa 1895 singen sie im Kindergarten das Reigenspiel »Dornröschen war ein schönes Kind, schönes Kind«. Die Sababurg im hessischen Reinhardswald wird erfolgreich als »Dornröschenschloss« vermarktet; auf der Website empfängt »das Märchenschloss der Brüder Grimm« die Besucher mit Walzermusik (als hätten wir es mit einem Tanzmärchen zu tun).

»Dornröschen« gilt vielen Menschen als klassisches Kindermärchen. Oder wollten uns die Brüder Grimm hier etwas weismachen? Ist das Erwachen der Heldin tatsächlich so poetischharmlos: ein Kuss, ein Blick, kein einziges Wort – oder im Gegenteil eine ganz sinnliche Angelegenheit? Wer die von Wilhelm besonders sorgfältig ausgeschmückte Fassung wörtlich nimmt, könnte meinen, dieses Märchen kenne keinerlei Erotik. Glaubt man hingegen den Märchendeutern, besonders den Psychoanalytikern, so erscheint es sogar hochgradig erotisch.

Tatsache ist: Alle älteren Fassungen des Zaubermärchentyps von der schlafenden Schönen sind weit weniger »unschuldig« als die nachmalig bekannteste, taktvoll-deutsche à la Grimm. Im Märchen »Sonne, Mond und Talia« bei ihrem italienischen Vorgänger Giambattista Basile geht es um die Schwängerung einer Schlafenden. Nicht Talias Liebhaber, ein König auf der Jagd, erlöst hier die Heldin vom Zauberschlaf, sondern neun Monate später das Zwillingspärchen, das sie geboren hat: Bei der Suche nach Muttermilch saugen die Kleinen zufällig die schlafbringende Flachsfaser aus ihrem Finger. Im zweiten Teil dieses Märchens aus dem frühen 17. Jahrhundert berichtet Basile – ebenso wie 1696 sein französischer Kollege Charles Perrault in »La belle au bois dormant« – von tödlicher Bedrohung der jungen Mutter und ihrer Zwillinge durch eifersüchtige Menschenfresserinnen.[31]

Tatsache ist auch: Die Brüder Grimm kannten Basiles und natürlich Perraults Märchen, ebenso Marie Hassenpflug, die Halbfranzösin. Marie war Jacobs Quelle für die Handschrift, also für die erste der beiden hier wiedergegebenen Fassungen. Einen französischen Vorläufer hat sogar der Dornröschens Geburt verkündende Krebs der Grimm'schen Urfassung. Wilhelm verwandelte ihn später in einen Frosch; der schien wohl besser zum Klapperstorch, dem »Kinderbringer« des 19. Jahrhunderts, zu passen. Den zweiten Teil der alten Erzählung (die Gefährdung der Heldin durch die Ehefrau des Königs beziehungsweise durch die böse Schwiegermutter) trennten die Grimms ab. Ihr »Dornröschen« endet mit Kuss und Hochzeitsfest.

Bemerkenswert beim Vergleich der frühen mit den späteren Fassungen des Märchens vom Zauberschlaf sind Motiv-Verschiebungen, die Perrault schamhaft vorgenommen, die Wilhelm Grimm dann beibehalten hat. Das Motiv der Schwangerschaft einer vergewaltigten Jungfrau wurde an den Anfang des Märchens

---

31 Weiteres siehe Barbara Gobrecht: Empfängnis, Schwangerschaft, Geburt und Stillzeit im europäischen Zaubermärchen: Zeiten der Bedrohung für die Heldin und ihre Kinder. In: Fabula 33 (1992), S. 55-65.

verschoben, zum Kinderwunsch der Eltern der Heldin. Die Feen, welche bei Basile noch als Säuglingsschwestern geamtet haben, erscheinen jetzt bereits an der Wiege der kleinen Prinzessin, als deren Patinnen: sieben junge Patenfeen bei Perrault, zwölf weise Frauen bei den Grimms. »Weise Frauen« klingen entschieden »deutscher«, reifer und seriöser als romanische Feen. Deutsch ist auch die »Unglückszahl« Dreizehn. Zwar spielt die Geschichte am Königshof, doch entsprechen nur zwölf verfügbare Teller zeittypisch bürgerlicher Aussteuer.

Den verhängnisvollen Fluch spricht – neu seit Perrault und durchaus märchentypisch – die beleidigte »überzählige« Fee aus, jenen Fluch, den die letzte Patin dann wenigstens mildern kann. Aus einer nicht näher bestimmten Zeit bei Basile (mindestens neun Monate) wird bei seinen Nachfolgern ein hundertjähriger Zauberschlaf im Schutze einer Dornenhecke, welche ungebetene Königssöhne erfolgreich fernhält. Sobald der französische Prinz neben der schonen Jungfrau auf die Knie fällt, erwacht Perraults Heldin: wohl eher aus einer modischen, wenn auch langen Ohnmacht. Grimms Dornröschen hingegen scheint in tiefem Koma zu liegen (oder in einem medizinisch dem Wachkoma vergleichbaren Zwischenstadium),[32] als der deutsche Königssohn sie küsst. Als Schlaf-Gegenzauber wirkt ja das Herausziehen der bösen Flachsfaser bei Basile ungleich logischer, aber dieser romantische Erlösungskuss ist natürlich die Trumpfkarte des Grimm'schen Märchens!

Und die Schönheit seiner Heldin. Wilhelm hat sie laufend verstärkt, hat ihre Schönheit geradezu zum Leitmotiv erhoben. All die geschenkten Tugenden sind nur Zugaben, für die Märchenhandlung unerheblich. »Dornröschen« ist ein Musterbeispiel für Wilhelm Grimms anschaulich erweiternde, bilderreiche

---

32 Hans-Jörg Uther: Handbuch zu den »Kinder- und Hausmärchen« der Brüder Grimm. Entstehung – Wirkung – Interpretation. Berlin – New York 2008, S. 119.

Bearbeitungen. Die fast atemlos erzählte Urfassung hat er breit ausgeschmückt: mit wörtlicher Rede und Dialogen, mit den behaglichen Schilderungen des Einschlafens und des Erwachens bei Hofe. Letzteres lenkt übrigens geschickt ab vom (vielleicht nicht kinderohrentauglichen?) Geschehen an Dornröschens Bett. Gegenstück oder Kehrseite solcher Behaglichkeit: Auch das Grausame erzählt Wilhelm aus und setzt es ins Bild der erfolglosen Königssöhne, die in den Dornen eines »jämmerlichen Todes« sterben.

Das Versinken in den Zauberschlaf ebenso wie das Erwachen im engeren oder weiteren Sinne haben offenbar stets mit Erotik zu tun.[33] Aber dank Grimm'scher Ausschmückungskunst können wir das Märchen vom wunderschönen Dornröschen ganz kindlich-harmlos lesen und uns romantischen Träumen hingeben.

---

33 Heinz Rölleke: Die Stellung des Dornröschenmärchens zum Mythos und zur Heldensage. In: Antiker Mythos in unseren Märchen. Herausgegeben von Wolfdietrich Siegmund. Kassel 1984, S. 136.

Die Nixe im Teich

Es war einmal ein Müller, der führte mit seiner Frau ein vergnügtes Leben. Sie hatten Geld und Gut, und ihr Wohlstand nahm von Jahr zu Jahr noch zu. Aber Unglück kommt über Nacht: Wie ihr Reichtum gewachsen war, so schwand er von Jahr zu Jahr wieder hin, und zuletzt konnte der Müller kaum noch die Mühle, in der er saß, sein Eigentum nennen. Er war voll Kummer, und wenn er sich nach der Arbeit des Tages niederlegte, so fand er keine Ruhe, sondern wälzte sich voll Sorgen in seinem Bett.

Eines Morgens stand er schon vor Tagesanbruch auf, ging hinaus ins Freie und dachte, es sollte ihm leichter ums Herz werden. Als er über dem Mühldamm dahinschritt, brach eben der erste Sonnenstrahl hervor, und er hörte in dem Weiher etwas rauschen. Er wendete sich um und erblickte ein schönes Weib, das sich langsam aus dem Wasser erhob. Ihre langen Haare, die sie über den Schultern mit ihren zarten Händen gefasst hatte, flossen an beiden Seiten herab und bedeckten ihren weißen Leib. Er sah wohl, dass es die Nixe des Teichs war, und wusste vor Furcht nicht, ob er davongehen oder stehen bleiben sollte. Aber die Nixe ließ ihre sanfte Stimme hören, nannte ihn bei Namen und fragte, warum er so traurig wäre. Der Müller war anfangs verstummt, als er sie aber so freundlich sprechen hörte, fasste er sich ein Herz und erzählte ihr, dass er sonst in Glück und Reichtum gelebt hätte, aber jetzt so arm wäre, dass er sich nicht zu raten wüsste. »Sei ruhig«, antwortete die Nixe, »ich will dich reicher und glücklicher machen, als du je gewesen bist, nur musst du mir versprechen, dass du mir geben willst, was eben in deinem Hause jung geworden ist.« »Was kann das anders sein«, dachte der Müller, »als ein junger Hund oder ein junges Kätzchen?«, und sagte ihr zu, was sie verlangte. Die Nixe stieg wieder in das Wasser hinab, und er eilte getröstet und gutes Mutes nach seiner Mühle. Noch hatte er sie nicht erreicht, da trat die Magd aus der Haustüre und rief ihm zu, er sollte sich freuen, seine Frau hätte ihm einen kleinen Knaben geboren. Der Müller stand wie vom Blitz gerührt, er sah wohl, dass die tückische Nixe das gewusst und ihn betrogen hatte. Mit gesenktem Haupt trat er zu dem Bett seiner Frau, und als sie ihn fragte: »Warum freust du dich nicht über den schönen Knaben?«, so erzählte er ihr, was ihm begegnet war und was für ein Versprechen er der Nixe gegeben hatte. »Was hilft mir Glück und Reichtum«, fügte er hinzu, »wenn ich mein Kind verlieren soll? Aber was kann ich tun?« Auch die Verwandten, die herbeigekommen waren, Glück zu wünschen, wussten keinen Rat.

Indessen kehrte das Glück in das Haus des Müllers wieder ein. Was er unternahm, gelang, es war, als ob Kisten und Kasten von selbst sich füllten und das Geld im Schrank über Nacht sich mehrte. Es dauerte nicht lange, so war sein Reichtum größer als je zuvor. Aber er konnte sich nicht ungestört darüber freuen: Die Zusage, die er der Nixe getan hatte, quälte sein Herz. Sooft er an dem Teich vorbeikam, fürchtete er, sie möchte auftauchen und ihn an seine Schuld mahnen. Den Knaben selbst ließ er nicht in die Nähe des Wassers: »Hüte dich«, sagte er zu ihm, »wenn du das Wasser berührst, so kommt eine Hand heraus, hascht dich und zieht dich hinab.« Doch als Jahr auf Jahr verging und die Nixe sich nicht wieder zeigte, so fing der Müller an, sich zu beruhigen.

Der Knabe wuchs zum Jüngling heran und kam bei einem Jäger in die Lehre. Als er ausgelernt hatte und ein tüchtiger Jäger geworden war, nahm ihn der Herr des Dorfes in seine Dienste. In dem Dorf war ein schönes und treues Mädchen, das gefiel dem Jäger, und als sein Herr das bemerkte, schenkte er ihm ein kleines Haus; die beiden hielten Hochzeit, lebten ruhig und glücklich und liebten sich von Herzen.

Einstmals verfolgte der Jäger ein Reh. Als das Tier aus dem Wald in das freie Feld ausbog, setzte er ihm nach und streckte es endlich mit einem Schuss nieder. Er bemerkte nicht, dass er sich in der Nähe des gefährlichen Weihers befand, und ging, nachdem er das Tier ausgeweidet hatte, zu dem Wasser, um seine mit Blut befleckten Hände zu waschen. Kaum aber hatte er sie hineingetaucht, als die Nixe emporstieg, lachend mit ihren nassen Armen ihn umschlang und so schnell hinabzog, dass die Wellen über ihm zusammenschlugen.

Als es Abend war und der Jäger nicht nach Haus kam, so geriet seine Frau in Angst. Sie ging aus, ihn zu suchen, und da er ihr oft erzählt hatte, dass er sich vor den Nachstellungen der Nixe in acht nehmen müsste und nicht in die Nähe des Weihers sich wagen dürfte, so ahnte sie schon, was geschehen war. Sie eilte zu dem Wasser, und als sie am Ufer seine Jägertasche liegen fand, da konnte sie nicht länger an dem Unglück zweifeln. Wehklagend und händeringend rief sie ihren Liebsten mit Namen, aber vergeblich; sie eilte hinüber auf die andere Seite des Weihers und rief ihn aufs Neue; sie schalt die Nixe mit harten Worten, aber keine Antwort erfolgte. Der Spiegel des Wassers blieb ruhig, nur das halbe Gesicht des Mondes blickte unbeweglich zu ihr herauf.

Die arme Frau verließ den Teich nicht. Mit schnellen Schritten, ohne Rast und Ruhe, umkreiste sie ihn immer von neuem, manchmal still, manchmal einen heftigen Schrei ausstoßend, manchmal in leisem Wimmern. Endlich waren ihre Kräfte zu Ende: Sie sank zur Erde nieder und verfiel in einen tiefen Schlaf. Bald überkam sie ein Traum.

Sie stieg zwischen großen Felsblöcken angstvoll aufwärts; Dornen und Ranken hakten sich an ihre Füße, der Regen schlug ihr ins Gesicht, und der Wind zauste ihr langes Haar. Als sie die Anhöhe erreicht hatte, bot sich ein ganz anderer Anblick dar. Der Himmel war blau, die Luft mild, der Boden senkte sich sanft hinab und auf einer grünen, bunt beblümten Wiese stand eine reinliche Hütte. Sie ging darauf zu und öffnete die Türe, da saß eine Alte mit weißen Haaren, die ihr freundlich winkte. In dem Augenblick erwachte die arme Frau. Der Tag war schon angebrochen, und sie entschloss sich gleich, dem Traume Folge zu leisten. Sie stieg mühsam den Berg hinauf, und es war alles so, wie sie es in der Nacht gesehen hatte. Die Alte empfing sie freundlich und zeigte ihr einen Stuhl, auf den sie sich setzen sollte.»Du musst ein Unglück erlebt haben«, sagte sie,»weil du meine einsame Hütte aufsuchst.« Die Frau erzählte ihr unter Tränen, was ihr begegnet war.»Tröste dich«, sagte die Alte,»ich will dir helfen: Da hast du einen goldenen Kamm. Harre, bis der Vollmond aufgestiegen ist, dann geh zu dem Weiher, setze dich am Rand nieder und strähle dein langes schwarzes Haar mit diesem Kamm. Wenn du aber fertig bist, so lege ihn am Ufer nieder, und du wirst sehen, was geschieht.«

Die Frau kehrte zurück, aber die Zeit bis zum Vollmond verstrich ihr langsam. Endlich erschien die leuchtende Scheibe am Himmel, da ging sie hinaus an den Weiher, setzte sich nieder und kämmte ihre langen schwarzen Haare mit dem goldenen Kamm, und als sie fertig war, legte sie ihn an den Rand des Wassers nieder. Nicht lange, so brauste es aus der Tiefe, eine Welle erhob sich, rollte an das Ufer und führte den Kamm mit sich fort. Es dauerte nicht länger, als der Kamm nötig hatte, auf den Grund zu sinken, so teilte sich der Wasserspiegel, und der Kopf des Jägers stieg in die Höhe. Er sprach nicht, schaute aber seine Frau mit traurigen Blicken an. In demselben Augenblick kam eine zweite Welle herangerauscht und bedeckte das Haupt des Mannes. Alles war verschwunden, der Weiher lag so ruhig wie zuvor, und nur das Gesicht des Vollmondes glänzte darauf.

Trostlos kehrte die Frau zurück, doch der Traum zeigte ihr die Hütte der Alten. Abermals machte sie sich am nächsten Morgen auf den Weg und klagte der weisen Frau ihr Leid. Die Alte gab ihr eine goldene Flöte und sprach:»Harre, bis der Vollmond wiederkommt, dann nimm diese Flöte, setze dich an das Ufer, blas ein schönes Lied darauf, und wenn du damit fertig bist, so lege sie auf den Sand; du wirst sehen, was geschieht.«

Die Frau tat, wie die Alte gesagt hatte. Kaum lag die Flöte auf dem Sand, so brauste es aus der Tiefe: Eine Welle erhob sich, zog heran und führte die Flöte mit sich fort. Bald darauf teilte sich das Wasser, und nicht bloß der Kopf, auch der Mann bis zur Hälfte des Leibes stieg hervor. Er breitete voll Verlangen seine Arme nach ihr aus, aber eine zweite Welle rauschte heran, bedeckte ihn und zog ihn wieder hinab.

»Ach, was hilft es mir«, sagte die Unglückliche, »dass ich meinen Liebsten nur erblicke, um ihn wieder zu verlieren.« Der Gram erfüllte aufs Neue ihr Herz, aber der Traum führte sie zum dritten Mal in das Haus der Alten. Sie machte sich auf den Weg, und die weise Frau gab ihr ein goldenes Spinnrad, tröstete sie und sprach: »Es ist noch nicht alles vollbracht, harre, bis der Vollmond kommt, dann nimm das Spinnrad, setze dich an das Ufer und spinn die Spule voll, und wenn du fertig bist, so stelle das Spinnrad nahe an das Wasser, und du wirst sehen, was geschieht.«

Die Frau befolgte alles genau. Sobald der Vollmond sich zeigte, trug sie das goldene Spinnrad an das Ufer und spann emsig, bis der Flachs zu Ende und die Spule mit dem Faden ganz angefüllt war. Kaum aber stand das Rad am Ufer, so brauste es noch heftiger als sonst in der Tiefe des Wassers, eine mächtige Welle eilte herbei und trug das Rad mit sich fort. Alsbald stieg mit einem Wasserstrahl der Kopf und der ganze Leib des Mannes in die Höhe. Schnell sprang er ans Ufer, fasste seine Frau an der Hand und entfloh. Aber kaum hatten sie sich eine kleine Strecke entfernt, so erhob sich mit entsetzlichem Brausen der ganze Weiher und strömte mit reißender Gewalt in das weite Feld hinein. Schon sahen die Fliehenden ihren Tod vor Augen, da rief die Frau in ihrer Angst die Hilfe der Alten an, und in dem Augenblick waren sie verwandelt, sie in eine Kröte, er in einen Frosch. Die Flut, die sie erreicht hatte, konnte sie nicht töten, aber sie riss sie beide voneinander und führte sie weit weg.

Als das Wasser sich verlaufen hatte und beide wieder den trocknen Boden berührten, so kam ihre menschliche Gestalt zurück. Aber keiner wusste, wo das andere geblieben war; sie befanden sich unter fremden Menschen, die ihre Heimat nicht kannten. Hohe Berge und tiefe Täler lagen zwischen ihnen. Um sich das Leben zu erhalten, mussten beide die Schafe hüten. Sie trieben lange Jahre ihre Herden durch Feld und Wald und waren voll Trauer und Sehnsucht.

Als wieder einmal der Frühling aus der Erde hervorgebrochen war, zogen beide an einem Tag mit ihren Herden aus, und der Zufall wollte, dass sie einander entgegen zogen. Er erblickte an einem fernen Bergesabhang eine Herde und trieb seine Schafe nach der Gegend hin. Sie kamen in einem Tal zusammen, aber sie erkannten sich nicht, doch freuten sie sich, dass sie nicht mehr so einsam waren. Von nun an trieben sie jeden Tag ihre Herde nebeneinander; sie sprachen nicht viel, aber sie fühlten sich getröstet.

Eines Abends, als der Vollmond am Himmel schien und die Schafe schon ruhten, holte der Schäfer die Flöte aus seiner Tasche und blies ein schönes, aber trauriges Lied. Als er fertig war, bemerkte er, dass die Schäferin bitterlich weinte. »Warum weinst du?«, fragte er. »Ach«, antwortete sie, »so schien auch der Vollmond, als ich zum letzten Mal dieses Lied auf der Flöte blies und das Haupt meines Liebsten aus dem Wasser hervorkam.« Er sah sie an, und es war ihm, als fiele eine Decke von den Augen, er erkannte seine liebste Frau; und als sie ihn anschaute und der Mond auf sein Gesicht schien, erkannte sie ihn auch. Sie umarmten und küssten sich, und ob sie glückselig waren, braucht keiner zu fragen.

Zu diesem Märchen

Im »Dornröschen«-Märchen handelte die rachsüchtige Dreizehnte nicht gerade wie eine weise Frau, eher wie eine beleidigte Fee. »Die Nixe im Teich« muss man etwas genauer lesen, um zu erkennen, wie Wilhelm Grimm die weißhaarige Traumerscheinung einschätzt und den Märchenhörern präsentiert. Achtmal nennt er sie »die Alte«, nur zweimal und ganz beiläufig »die weise Frau«. In seiner Vorlage, einem Märchen aus der Oberlausitz, rät und hilft der Jägersfrau eine alte Zauberin, die sich als Gegenleistung für ihre Dienste reichlich beschenken lässt. Wilhelm aber machte aus der Zauberin die freundlich winkende, selbstlos handelnde, weißhaarige Alte, eine echte weise Frau.[34] Sprachlich wie inhaltlich erhält sie bei ihm mehr Gewicht, wenn sie in wörtlicher Rede Trost spenden und Rat geben kann und der Heldin obendrein die drei goldenen Gegenstände schenkt, welche diese braucht, um die Nixe zu verlocken.

Die weise Ratgeberin und Helferin in höchster Not sah Wilhelm wohl als positives Gegenstück zur verführerisch schönen, aber berechnenden und unheimlichen Nixe. Auf der einen Seite verstärkte er die Güte der Alten; auf der anderen betonte er das beunruhigend Erotische der Nixe, die er zudem »tückisch« nennt; sie habe den Müller »betrogen«. Davon war keine Rede in dem Märchen, das ihm vorlag und das er in die fünfte Auflage der »Kinder- und Hausmärchen« (1843) einführte, an zentralen Stellen gezielt ausgeschmückt. Aus einer »weißen Frau« machte der inzwischen selbstsichere und erfahrene Nachdichter das »schöne Weib« mit langen Haaren, zarten Händen, weißem Leib und sanfter Stimme. Das erinnert natürlich an eine Wasserjungfrau mit Fischschwanz, an eine Sirene, Undine beziehungsweise

---

34 Barbara Gobrecht: Hexen, Zauberinnen und weise Frauen in europäischen Zaubermärchen. In: Abenteuer am Abgrund. Außenseiter im Märchen. Herausgegeben von Harlinda Lox und Renate Vogt. Krummwisch 2010.

Rusalka oder auch an eine Lorelei romantischer Tradition und alter (männlicher) Wunschvorstellung. Solche weiblichen Wassergeister verstehen sich auf magische Musik, verlocken Männer durch ihren Gesang oder kämmen in verführerischer Pose ihre langen, meist goldenen Haare. Prompt reagiert auch die Nixe im Teich auf die »Angebote« der Jägersfrau: Kamm und Flöte.

Das Ambivalente im Verhalten dämonischer Gestalten leugnet Wilhelm Grimm nicht. Gerade in diesem späten Text aber verdeutlicht er seine Vorstellungen von Gut und Böse und wertet auch die rein menschlich gedachten Figuren stärker. Das »junge Weib«, welches der Jäger in der Vorlage freit,[35] wird unter seiner Feder zu einem »schönen und treuen Mädchen«. Dessen schwarze Haare sind nun ausdrücklich lang: lang wie die Haare der Nixe, der Konkurrentin um den geliebten Mann. Die Trauer und Verzweiflung der jungen Frau hat Wilhelm mit romantisierenden Naturbeschreibungen stimmungsmalerisch ausgeschmückt. Mehr als sonst, fast wie in einem Kunstmärchen, lässt er die Hörerinnen oder Leser hier ins Innere seiner Figuren blicken, sogar in die wegweisenden Träume der Heldin.

Trotz romantischem Zeitgeist (größtenteils Zugabe von Wilhelm Grimm) evoziert das Zaubermärchen hohes Alter, etwa durch die historischen Berufe: Schäfer, Jäger, Müller. Dass ein werdender Vater aus wirtschaftlicher Not sein ungeborenes Kind einem dämonischen Wesen verspricht, ist ein beliebtes Märcheneingangsmotiv. Doch wirkt dieser Müller austauschbar. In anderen Fassungen trifft man denn auch – logischer – auf einen Fischer, der tagelang nichts fängt und sich mehr oder weniger naiv auf einen Handel mit der Wassernixe einlässt.

Leidtragende der Naivität ihrer Väter sind im Zaubermärchen immer die Kinder. Natürlich erwartet jeder Hörer, dass der Junge,

---

35 Heinz Rölleke: Grimms Märchen und ihre Quellen. Die literarischen Vorlagen der Grimmschen Märchen synoptisch vorgestellt und kommentiert. Trier 2004, S. 408.

der sich vor den »Nachstellungen« der Nixe in Acht nehmen soll, irgendwann in den weiblichen Machtbereich, in die nassen Arme der gefährlich Schönen gerät. Und wie sie den »Jäger« im Mann lockt! Im Märchen aus der Oberlausitz verfolgt er einen Hasen, Symbol der Erotik, ein Hexentier, und streckt ihn mit seinem Schuss nieder. Das Grimm'sche Bild passt ähnlich gut: Wilhelm hat sich für »Weiblich-Zartes« entschieden, für ein Reh als wegweisendes Tier.[36] Auch die Symbolsprache der drei goldenen Gegenstände folgt märchenbildlicher Logik: Für den Kamm steigt der Kopf des Jägers aus dem Wasser, für die Flöte, deren Töne zu Herzen gehen, die obere Hälfte des Leibes. Den ganzen Mann spinnt seine Erlöserin ein oder aus seinen Verstrickungen hervor.

Viel Gefühl steckt in diesem Märchen und in den beiden Figuren: seine Trauer und sein Verlangen, ihre Angst und Trostlosigkeit, dann ihre erzwungene Geduld beim Warten auf den Vollmond, beider Trauer und Sehnsucht unter fremden Menschen, ihre Tränen, als er das Lied auf der Flöte bläst. Im Brennpunkt dieses Liebesmärchens steht nicht ein Held oder eine Heldin, sondern ein Paar. Am Schluss sind beide nicht mehr jung. Doch der Jäger und seine liebste Frau dürfen als Schäfer und Schäferin im Mondschein auf anrührende Weise wieder glücklich, ja glückselig werden. Auch hier hat Wilhelm Grimm seine Vorlage (»und lebten zusammen ungestört und in Frieden«) gefühlig übertroffen.

In »Die Nixe im Teich« kommen wir tatsächlich in den Genuss literarischer Romantik: mit melancholischer Stimmung und schicksalhaften Träumen, mit einer Natur, welche Gefühle ausdrückt (Landschaft als »Metapher der Seele«), mit traurig-schöner Musik und vier Vollmondnächten.

---

36 Enzyklopädie des Märchens. Band 6: Hase (Rudolf Schenda), besonders Spalten 545-546; Band 11: Reh (Sigrid Schmidt).

Die kluge Bauerntochter

Es war einmal ein armer Bauer, der hatte kein Land, nur ein kleines Häuschen und eine alleinige Tochter. Da sprach die Tochter:»Wir sollten den Herrn König um ein Stückchen Rottland bitten.« Da der König ihre Armut hörte, schenkte er ihnen auch ein Eckchen Rasen, den hackte sie und ihr Vater um, und wollten ein wenig Korn und der Art Frucht darauf säen. Als sie den Acker beinah herum hatten, so fanden sie in der Erde einen Mörsel von purem Gold. »Hör«, sagte der Vater zu dem Mädchen, »weil unser Herr König ist so gnädig gewesen und hat uns diesen Acker geschenkt, so müssen wir ihm den Mörsel dafür geben.« Die Tochter aber wollte es nicht bewilligen und sagte: »Vater, wenn wir den Mörsel haben und haben den Stößer nicht, dann müssen wir auch den Stößer herbeischaffen, darum schweigt lieber still.« Er wollt ihr aber nicht gehorchen, nahm den Mörsel, trug ihn zum Herrn König und sagte, den hätte er gefunden in der Heide, ob er ihn als eine Verehrung annehmen wollte. Der König nahm den Mörsel und fragte, ob er nichts mehr gefunden hätte. »Nein«, antwortete der Bauer. Da sagte der König, er solle nun auch den Stößer herbeischaffen. Der Bauer sprach, den hätten sie nicht gefunden; aber das half ihm so viel, als hätt er's in den Wind gesagt, er ward ins Gefängnis gesetzt, und sollte so lange da sitzen, bis er den Stößer herbeigeschafft hätte.

Die Bedienten mussten ihm täglich Wasser und Brot bringen, was man so in dem Gefängnis kriegt, da hörten sie, wie der Mann als fortschrie: »Ach, hätt ich meiner Tochter gehört! Ach, ach, hätt ich meiner Tochter gehört!« Da gingen die Bedienten zum König und sprachen das, wie der Gefangene als fortschrie: »Ach, hätt ich doch meiner Tochter gehört!«, und wollte nicht essen und nicht trinken. Da befahl er den Bedienten, sie sollten den Gefangenen vor ihn bringen, und da fragte ihn der Herr König, warum er also fortschrie:»Ach, hätt ich meiner Tochter gehört!« »Was hat Eure Tochter denn gesagt?«»Ja, sie hat gesprochen, ich sollte den Mörsel nicht bringen, sonst müsst ich auch den Stößer schaffen.«»Habt Ihr so eine kluge Tochter, so lasst sie einmal herkommen.«

Also musste sie vor den König kommen, der fragte sie, ob sie denn so klug wäre, und sagte, er wollte ihr ein Rätsel aufgeben, wenn sie das treffen könnte, dann wollte er sie heiraten. Da sprach sie gleich ja, sie wollt's erraten. Da sagte der König:»Komm zu mir, nicht gekleidet, nicht nackend, nicht geritten, nicht gefahren, nicht in dem Weg, nicht außer dem Weg, und wenn du das kannst, will ich dich heiraten.« Da ging sie hin und zog sich aus splinternackend, da war sie nicht gekleidet, und nahm ein großes Fischgarn und setzte sich hinein und wickelte es ganz um sich herum, da war sie nicht nackend; und borgte einen Esel fürs Geld und band dem Esel das Fischgarn an den Schwanz, darin er sie fortschleppen musste, und war das nicht geritten und nicht gefahren; der Esel musste sie aber in der Fahrgleise schleppen, so dass sie nur mit der großen Zehe auf die Erde kam, und war das nicht in dem Weg und nicht außer dem Wege. Und wie sie so daherkam, sagte der König, sie hätte das Rätsel getroffen, und es wäre alles erfüllt. Da ließ er ihren Vater los aus dem Gefängnis, und nahm sie bei sich als seine Gemahlin und befahl ihr das ganze königliche Gut an.

Nun waren etliche Jahre herum, als der Herr König einmal auf die Parade zog, da trug es sich zu, dass Bauern mit ihren Wagen vor dem Schloss hielten, die hatten Holz verkauft; etliche hatten Ochsen vorgespannt und etliche Pferde. Da war ein Bauer, der hatte drei Pferde, davon kriegte eins ein junges Füllchen, das lief weg und legte sich mitten zwischen zwei Ochsen, die vor dem

Wagen waren. Als nun die Bauern zusammenkamen, fingen sie an sich zu zanken, zu schmeißen und zu lärmen, und der Ochsenbauer wollte das Füllchen behalten und sagte, die Ochsen hätten's gehabt; und der andere sagte, nein, seine Pferde hätten's gehabt, und es wäre sein. Der Zank kam vor den König, und er tat den Ausspruch, wo das Füllen gelegen hätte, da sollt es bleiben; und also bekam's der Ochsenbauer, dem's doch nicht gehörte. Da ging der andere weg, weinte und lamentierte über sein Füllchen.

Nun hatte er gehört, wie dass die Frau Königin so gnädig wäre, weil sie auch von armen Bauersleuten gekommen wäre; ging er zu ihr und bat sie, ob sie ihm nicht helfen könnte, dass er sein Füllchen wiederbekäme. Sagte sie: »Ja, wenn Ihr mir versprecht, dass Ihr mich nicht verraten wollt, so will ich's Euch sagen. Morgen früh, wenn der König auf der Wachtparade ist, so stellt Euch hin mitten in die Straße, wo er vorbeikommen muss, nehmt ein großes Fischgarn und tut, als fischtet Ihr, und fischt also fort und schüttet das Garn aus, als wenn Ihr's voll hättet«, und sagte ihm auch, was er antworten sollte, wenn er vom König gefragt würde. Also stand der Bauer am andern Tag da und fischte auf einem trockenen Platz. Wie der König vorbeikam und das sah, schickte er seinen Laufer hin, der sollte fragen, was der närrische Mann vorhätte. Da gab er zur Antwort: »Ich fische.« Fragte der Laufer, wie er fischen könnte, es wäre ja kein Wasser da. Sagte der Bauer: »So gut als zwei Ochsen können ein Füllen kriegen, so gut kann ich auch auf dem trockenen Platz fischen.« Der Laufer ging hin und brachte dem König die Antwort, da ließ er den Bauer vor sich kommen und sagte ihm, das hätte er nicht von sich, von wem er das hätte: und sollt's gleich bekennen. Der Bauer aber wollt's nicht tun und sagte immer, Gott bewahr! er hätt es von sich. Sie legten ihn aber auf ein Gebund Stroh und schlugen und drangsalten ihn so lange, bis er's bekannte, dass er's von der Frau Königin hätte.

Als der König nach Haus kam, sagte er zu seiner Frau: »Warum bist du so falsch mit mir, ich will dich nicht mehr zur Gemahlin: Deine Zeit ist um, geh wieder hin, woher du kommen bist, in dein Bauernhäuschen.« Doch erlaubte er ihr eins, sie sollte sich das Liebste und Beste mitnehmen, was sie wüsste, und das sollte ihr Abschied sein. Sie sagte: »Ja, lieber Mann, wenn du's so befiehlst, will ich es auch tun«, und fiel über ihn her und küsste ihn und sprach, sie wollte Abschied von ihm nehmen. Dann ließ sie einen starken Schlaftrunk kommen, Abschied mit ihm zu trinken; der König tat einen großen Zug, sie aber trank nur ein wenig. Da geriet er bald in einen tiefen Schlaf, und als sie das sah, rief sie einen Bedienten und nahm ein schönes weißes Linnentuch und schlug ihn da hinein, und die Bedienten mussten ihn in einen Wagen vor die Türe tragen, und fuhr sie ihn heim in ihr Häuschen. Da legte sie ihn in ihr Bettchen, und er schlief Tag und Nacht in einem fort, und als er aufwachte, sah er sich um und sagte: »Ach Gott, wo bin ich denn?« Rief seinen Bedienten, aber es war keiner da. Endlich kam seine Frau vors Bett und sagte: »Lieber Herr König, Ihr habt mir befohlen, ich sollte das Liebste und Beste aus dem Schloss mitnehmen, nun hab ich nichts Besseres und Lieberes als dich, da hab ich dich mitgenommen.« Dem König stiegen die Tränen in die Augen, und er sagte: »Liebe Frau, du sollst mein sein und ich dein«, und nahm sie wieder mit ins königliche Schloss und ließ sich aufs Neue mit ihr vermählen; und werden sie ja wohl noch auf den heutigen Tag leben.

Zu diesem Märchen

1815 publizierten die Brüder Grimm »Die kluge Bauerntochter«, 1825 dann auch in der »Kleinen Ausgabe«. Geschichten vom scharfsinnigen Mädchen und dem Rätsel stellenden König kursieren in Europa schon seit dem 12. Jahrhundert. Weltweit sind über 600 Varianten dieses Erzähltyps bekannt. Das Märchen war und blieb also ein Renner. Das Thema spricht uns heute noch (oder wieder besonders) an, speziell die polaren Gegensätze Mann/Frau und arm/reich.

Der Mann: Der König im Märchen, eine Extremfigur und ein Hochwertbegriff, symbolisiert eigentlich menschliche Reife, repräsentiert Ganzheit und zudem eine zeitlose Idee. Aber selten nur stellt ein König im Märchen dar, was er theoretisch repräsentiert. Zu seinen wichtigsten Aufgaben gehört die Rechtsprechung. Doch wir wissen, dass er mindestens ein krasses Fehlurteil fällt und sein Amt dazu missbraucht, die Königin zu verstoßen. [37]

Die Frau: Eine echte Märchenheldin ist wunderschön, weshalb der Königssohn eines jeden Zaubermärchens sich unweigerlich in sie verliebt. Über das Äußere der klugen Bauerntochter haben die Brüder Grimm kein Wort verloren. Spielt Schönheit angesichts ihrer geistigen Fähigkeiten hier gar keine Rolle? Auf jeden Fall bildet weibliche Klugheit den Gegenpol zu männlicher Stärke und königlicher Macht. Betont wird die anfängliche Armut des Bauern und seiner Tochter – wie oft in Grimms Märchen.

Sie und er vor der Ehe: Es ist die Klugheit der jungen Frau, die diesem sozial weit höher gestellten Mann derart imponiert, dass er sie heiratet. Ist sie obendrein schön, schadet es ihr nicht und entspricht herkömmlicher Märchenlogik. Was auffällt: Das kluge Mädchen präsentiert sich bei der ersten Begegnung mit dem König in einem reichlich verführerischen Aufzug, weder nackt noch bekleidet, nur in ein Netz gehüllt. Laut Erzählforschung wirkt Nacktheit im Märchen ganz unerotisch und erfolgt ohne jede Sensationslust. Der König heirate sie nicht, weil ihn diese Kostümierung in Wallung gebracht hätte, sondern weil sie die gestellte Aufgabe erfüllt habe.

---

37 Enzyklopädie des Märchens. Band 8: König, Königin (Lutz Röhrich).

Sie und er in der Ehe: Als zweigliedriges, also voll ausgebautes Märchen kennt »Die kluge Bauerntochter« jene Schnittstelle, wo die Beziehung zu zerbrechen droht. Mit der Eintracht ist es vorbei, sobald Drittpersonen die geistige Überlegenheit der Königin ansprechen. Wie sehr seine männliche Eitelkeit leidet, wie sehr er sich persönlich verletzt fühlt, zeigt der Vorwurf des Königs: »Warum bist du so falsch zu mir, ...« Ohne Fragezeichen, also keine Frage! Wenn man einer Märchenfigur »emotionale Intelligenz« bescheinigen kann, dann hier.[38] Diese Frau begreift sofort, dass sie ihn von ihrer Liebe überzeugen muss. Sie diskutiert nicht; sie handelt: klug und witzig.

An die Stelle der übernatürlichen Helfer oder Zaubergaben tritt hier weibliche Klugheit. »Die kluge Bauerntochter« ist denn auch kein Zauber-, sondern ein Novellenmärchen. Geschichten dieses Typs haben viel stärkere Wirklichkeitsbezüge als Zaubermärchen wie etwa »Sneewittchen« oder »Der Trommler«. Gefängniskost und sogar Folter grüßen aus der realen Welt. Ebenso der Ohrwurm aus einer bekannten Vertonung des Märchens, aus Carl Orffs Oper »Die Kluge«: »Oh, hätt' ich meiner Tochter nur geglaubt, nur geglaubt, nur geglaubt!«

Woher stammt so überraschend viel Frauenpower? Von einer Frau, von Grimms liebster Gewährsperson namens Dorothea Viehmann, der Hauptbeiträgerin ihrer Sammlung. Die »Viehmännin« war nicht etwa eine Bäuerin, sondern Frau eines Schneidermeisters und selbst hugenottischer Herkunft, Goethe übrigens ihr Cousin fünften Grades. Sie dürfte ältere Versionen des Märchens von der klugen Bauerntochter gehört oder gelesen haben, hat es aber auf ihre Art erzählt. Die Grimms respektierten die Beiträge dieser Frau derart, dass sie kaum Änderungen daran vornahmen.

---

38 Barbara Gobrecht: Märchen vom Typ »Die kluge Bauerntochter«: die Perspektive der Erzählforschung. In: Macht und Witz im Liebesleben. Märchen, Phantasie und Paarkonflikt. Herausgegeben von Brigitte Boothe. Würzburg 2004, S. 18-28.

Die hier abgedruckte Fassung nach der Ausgabe letzter Hand ist fast identisch mit der von 1815. Darum wirkt das Märchen sprachlich einfacher, weniger ausgefeilt, die vermeintliche Buchstabenverdrehung (»Mörsel« und »Stößer«) putzig, der »Laufer« altmodisch. So mag es gern bleiben, wenn der Inhalt ganz heutig daherkommt!

Einen kleinen, aber wirksamen Zusatz erlaubte sich der gefühlige Wilhelm Grimm: »Dem König stiegen die Tränen in die Augen.« Wann sieht man schon mal einen Mann weinen?

Der goldene Vogel

E s war vor Zeiten ein König, der hatte einen schönen Lust-
garten hinter seinem Schloss, darin stand ein Baum, der
goldene Äpfel trug. Als die Äpfel reiften, wurden sie gezählt, aber
gleich den nächsten Morgen fehlte einer. Das ward dem König gemeldet, und er befahl, dass alle Nächte unter dem Baume Wache sollte
gehalten werden. Der König hatte drei Söhne, davon schickte er den
ältesten bei einbrechender Nacht in den Garten; wie es aber Mitternacht war, konnte er sich des Schlafes nicht wehren, und am nächsten
Morgen fehlte wieder ein Apfel. In der folgenden Nacht musste der
zweite Sohn wachen, aber dem erging es nicht besser: Als es zwölf Uhr
geschlagen hatte, schlief er ein, und morgens fehlte ein Apfel.

Jetzt kam die Reihe zu wachen an den dritten Sohn, der war
auch bereit, aber der König traute ihm nicht viel zu und meinte,
er würde noch weniger ausrichten als seine Brüder; endlich aber
gestattete er es doch. Der Jüngling legte sich also unter den Baum,
wachte und ließ den Schlaf nicht Herr werden. Als es zwölf schlug,
so rauschte etwas durch die Luft, und er sah im Mondschein einen Vogel daherfliegen, dessen Gefieder ganz von Gold glänzte.
Der Vogel ließ sich auf dem Baume nieder und hatte eben einen
Apfel abgepickt, als der Jüngling einen Pfeil nach ihm abschoss.
Der Vogel entflog, aber der Pfeil hatte sein Gefieder getroffen,
und eine seiner goldenen Federn fiel herab. Der Jüngling hob sie
auf, brachte sie am andern Morgen dem König und erzählte ihm,
was er in der Nacht gesehen hatte. Der König versammelte seinen
Rat, und jedermann erklärte, eine Feder wie diese sei mehr wert
als das gesamte Königreich. »Ist die Feder so kostbar«, erklärte
der König, »so hilft mir auch die eine nichts, sondern ich will und
muss den ganzen Vogel haben.«

Der älteste Sohn machte sich auf den Weg, verließ sich auf seine Klugheit und meinte den goldenen Vogel schon zu finden. Wie er eine Strecke gegangen war, sah er an dem Rande eines Waldes einen Fuchs sitzen, legte seine Flinte an und zielte auf ihn. Der Fuchs rief:»Schieß mich nicht, ich will dir dafür einen guten Rat geben. Du bist auf dem Weg nach dem goldenen Vogel und wirst heut Abend in ein Dorf kommen, wo zwei Wirtshäuser einander gegenüberstehen. Eins ist hell erleuchtet, und es geht darin lustig her: Da kehr aber nicht ein, sondern geh ins andere, wenn es dich auch schlecht ansieht.«»Wie kann mir wohl so ein albernes Tier einen vernünftigen Rat erteilen!«, dachte der Königssohn und drückte los, aber er fehlte den Fuchs, der den Schwanz streckte und schnell in den Wald lief. Darauf setzte er seinen Weg fort und kam abends in das Dorf, wo die beiden Wirtshäuser standen: In dem einen ward gesungen und gesprungen, das andere hatte ein armseliges, betrübtes Ansehen.»Ich wäre wohl ein Narr«, dachte er, »wenn ich in das lumpige Wirtshaus ginge und das schöne liegen ließ.« Also ging er in das lustige ein, lebte da in Saus und Braus und vergaß den Vogel, seinen Vater und alle guten Lehren.

Als eine Zeit verstrichen und der älteste Sohn immer und immer nicht nach Haus gekommen war, so machte sich der zweite auf den Weg und wollte den goldenen Vogel suchen. Wie dem ältesten begegnete ihm der Fuchs und gab ihm den guten Rat, den er nicht achtete. Er kam zu den beiden Wirtshäusern, wo sein Bruder am Fenster des einen stand, aus dem der Jubel erschallte, und ihn anrief. Er konnte nicht widerstehen, ging hinein und lebte nur seinen Lüsten.

Wiederum verstrich eine Zeit, da wollte der jüngste Königssohn ausziehen und sein Heil versuchen, der Vater aber wollte es nicht zulassen.»Es ist vergeblich«, sprach er, »der wird den goldenen Vogel noch weniger finden als seine Brüder, und wenn ihm ein Unglück zustößt, so weiß er sich nicht zu helfen; es fehlt ihm am Besten.« Doch endlich, wie keine Ruhe mehr da war, ließ er ihn ziehen. Vor dem Walde saß wieder der Fuchs, bat um sein Leben und erteilte den guten Rat. Der Jüngling war gutmütig und sagte:»Sei ruhig, Füchslein, ich tue dir nichts zuleid.«»Es soll dich nicht gereuen«, antwortete der Fuchs,»und damit du schneller fortkommst, so steig hinten auf meinen Schwanz.« Und kaum hatte er sich aufgesetzt, so fing der Fuchs an zu laufen, und da ging's über Stock und Stein, dass die Haare im Winde pfiffen. Als sie zu dem Dorfe kamen, stieg der Jüngling ab, befolgte den guten Rat und kehrte, ohne sich umzusehen, in das geringe Wirtshaus ein, wo er ruhig übernachtete.

Am andern Morgen, wie er auf das Feld kam, saß da schon der Fuchs und sagte:»Ich will dir weiter sagen, was du zu tun hast. Geh du immer geradeaus, endlich wirst du an ein Schloss kommen, vor dem eine ganze Schar Soldaten liegt, aber kümmre dich nicht darum, denn sie werden alle schlafen und schnarchen; geh mitten durch und geradeswegs in das Schloss hinein, und geh durch alle Stuben, zuletzt wirst du in eine Kammer kommen, wo ein goldener Vogel in einem hölzernen Käfig hängt. Nebenan steht ein leerer Goldkäfig zum Prunk, aber hüte dich, dass du den Vogel nicht aus seinem schlechten Käfig herausnimmst und in den prächtigen tust, sonst möchte es dir schlimm ergehen.« Nach diesen Worten streckte der Fuchs wieder seinen Schwanz aus, und der Königssohn setzte sich auf; da ging's über Stock und Stein, dass die Haare im Winde pfiffen. Als er bei dem Schloss angelangt war, fand er alles so, wie der Fuchs gesagt hatte. Der Königssohn kam in die Kammer, wo der goldene Vogel in einem hölzernen Käfig saß, und ein goldener stand daneben; die drei goldenen Äpfel aber lagen in der Stube umher. Da dachte er, es wäre lächerlich, wenn er den schönen Vogel in dem gemeinen und hässlichen Käfig lassen wollte, öffnete die Türe, packte ihn und setzte ihn in den goldenen. In dem Augenblick aber tat der Vogel einen durchdringenden Schrei. Die Soldaten erwachten, stürzten herein und führten ihn ins Gefängnis. Den andern Morgen wurde er vor ein Gericht gestellt und, da er alles bekannte, zum Tode verurteilt. Doch sagte der König, er wollte ihm unter einer Bedingung das Leben schenken, wenn er ihm nämlich das goldene Pferd brächte, welches noch schneller liefe als der Wind, und dann sollte er obendrein zur Belohnung den goldenen Vogel erhalten.

Der Königssohn machte sich auf den Weg, seufzte aber und war traurig, denn wo sollte er das goldene Pferd finden? Da sah er auf einmal seinen alten Freund, den Fuchs, an dem Wege sitzen. »Siehst du«, sprach der Fuchs, »so ist es gekommen, weil du mir nicht gehört hast. Doch sei gutes Mutes, ich will mich deiner annehmen und dir sagen, wie du zu dem goldenen Pferd gelangst. Du musst geradesweges fortgehen, so wirst du zu einem Schloss kommen, wo das Pferd im Stalle steht. Vor dem Stall werden die Stallknechte liegen, aber sie werden schlafen und schnarchen, und du kannst geruhig das goldene Pferd herausführen. Aber eins musst du in acht nehmen, leg ihm den schlechten Sattel von Holz und Leder auf und ja nicht den goldenen, der dabeihängt, sonst wird es dir schlimm ergehen.« Dann streckte der Fuchs seinen Schwanz aus, der Königssohn setzte sich auf, und es ging fort über Stock und Stein, dass die Haare im Winde pfiffen. Alles traf so ein, wie der Fuchs gesagt hatte, er kam in den Stall, wo das goldene Pferd stand; als er ihm aber den schlechten Sattel auflegen wollte, so dachte er: »Ein so schönes Tier wird verschändet, wenn ich ihm nicht den guten Sattel auflege, der ihm gebührt.« Kaum aber berührte der goldene Sattel das Pferd, so fing es an laut zu wiehern. Die Stallknechte erwachten, ergriffen den Jüngling und warfen ihn ins Gefängnis. Am andern Morgen wurde er vom Gerichte zum Tode verurteilt, doch versprach ihm der König das Leben zu schenken und dazu das goldene Pferd, wenn er die schöne Königstochter vom goldenen Schlosse herbeischaffen könnte.

Mit schwerem Herzen machte sich der Jüngling auf den Weg, doch zu seinem Glücke fand er bald den treuen Fuchs. »Ich sollte dich nur deinem Unglück überlassen«, sagte der Fuchs, »aber ich habe Mitleiden mit dir und will dir noch einmal aus deiner Not helfen. Dein Weg führt dich gerade zu dem goldenen Schlosse: Abends wirst du anlangen, und nachts, wenn alles still ist, dann geht die schöne Königstochter ins Badehaus, um da zu baden. Und wenn sie hineingeht, so spring auf sie zu und gib ihr einen Kuss, dann folgt sie dir, und du kannst sie mit dir fortführen: Nur dulde nicht, dass sie vorher von ihren Eltern Abschied nimmt, sonst kann es dir schlimm ergehen.« Dann streckte der Fuchs seinen Schwanz, der Königssohn setzte sich auf, und so ging es über Stock und Stein, dass die Haare im Winde pfiffen. Als er beim goldenen Schloss ankam, war es so, wie der Fuchs gesagt hatte. Er wartete bis um Mitternacht, als alles in tiefem Schlaf lag und die schöne Jungfrau ins Badehaus ging, da sprang er hervor und gab ihr einen Kuss. Sie sagte, sie wollte gerne mit ihm gehen, bat ihn aber flehentlich und mit Tränen, er möchte ihr erlauben, vorher von ihren Eltern Abschied zu nehmen. Er widerstand anfänglich ihren Bitten, als sie aber immer mehr weinte und ihm zu Fuß fiel, so gab er endlich nach. Kaum aber war die Jungfrau zu dem Bette ihres Vaters getreten, so wachte er und alle anderen, die im Schloss waren, auf, und der Jüngling ward festgehalten und ins Gefängnis gesetzt.

Am andern Morgen sprach der König zu ihm: »Dein Leben ist verwirkt, und du kannst bloß Gnade finden, wenn du den Berg abträgst, der vor meinen Fenstern liegt und über welchen ich nicht hinaussehen kann, und das musst du binnen acht Tagen zustande bringen. Gelingt dir das, so sollst du meine Tochter zur Belohnung haben.« Der Königssohn fing an, grub und schaufelte, ohne abzulassen, als er aber nach sieben Tagen sah, wie wenig er ausgerichtet hatte und alle seine Arbeit so gut wie nichts war, so fiel er in große Traurigkeit und gab alle Hoffnung auf. Am Abend des siebenten Tags aber erschien der Fuchs und sagte: »Du verdienst nicht, dass ich mich deiner annehme, aber geh nur hin und lege dich schlafen, ich will die Arbeit für dich tun.« Am andern Morgen, als er erwachte und zum Fenster hinaussah, so war der Berg verschwunden. Der Jüngling eilte voll Freude zum König und meldete ihm, dass die Bedingung erfüllt wäre, und der König mochte wollen oder nicht, er musste Wort halten und ihm seine Tochter geben.

Nun zogen die beiden zusammen fort, und es währte nicht lange, so kam der treue Fuchs zu ihnen. »Das Beste hast du zwar«, sagte er, »aber zu der Jungfrau aus dem goldenen Schloss gehört auch das goldene Pferd.« »Wie soll ich das bekommen?«, fragte der Jüngling. »Das will ich dir sagen«, antwortete der Fuchs, »zuerst bring dem Könige, der dich nach dem goldenen Schlosse geschickt hat, die schöne Jungfrau. Da wird unerhörte Freude sein, sie werden dir das goldene Pferd gerne geben und werden dir's vorführen. Setz dich alsbald auf und reiche allen zum Abschied die Hand herab, zuletzt der schönen Jungfrau, und, wenn du sie gefasst hast, so zieh sie mit einem Schwung hinauf und jage davon: Und niemand ist imstande, dich einzuholen, denn das Pferd läuft schneller als der Wind.«

Alles wurde glücklich vollbracht, und der Königssohn führte die schöne Jungfrau auf dem goldenen Pferde fort. Der Fuchs blieb nicht zurück und sprach zu dem Jüngling: »Jetzt will ich dir auch zu dem goldenen Vogel verhelfen. Wenn du nahe bei dem Schlosse bist, wo sich der Vogel befindet, so lass die Jungfrau absitzen, und ich will sie in meine Obhut nehmen. Dann reit mit dem goldenen Pferd in den Schlosshof: Bei dem Anblick wird große Freude sein, und sie werden dir den goldenen Vogel herausbringen. Wie du den Käfig in der Hand hast, so jage zu uns zurück und hole dir die Jungfrau wieder ab.«

Als der Anschlag geglückt war und der Königssohn mit seinen Schätzen heimreiten wollte, so sagte der Fuchs: »Nun sollst du mich für meinen Beistand belohnen.« »Was verlangst du dafür?«, fragte der Jüngling. »Wenn wir dort in den Wald kommen, so schieß mich tot und hau mir Kopf und Pfoten ab.« »Das wäre eine schöne Dankbarkeit«, sagte der Königssohn, »das kann ich dir unmöglich gewähren.« Sprach der Fuchs: »Wenn du es nicht tun willst, so muss ich dich verlassen; ehe ich aber fortgehe, will ich dir noch einen guten Rat geben. Vor zwei Stücken hüte dich, kauf kein Galgenfleisch und setze dich an keinen Brunnenrand.« Damit lief er in den Wald.

Der Jüngling dachte: »Das ist ein wunderliches Tier, das seltsame Grillen hat. Wer wird Galgenfleisch kaufen! Und die Lust, mich an einen Brunnenrand zu setzen, ist mir noch niemals gekommen.« Er ritt mit der schönen Jungfrau weiter, und sein Weg führte ihn wieder durch das Dorf, in welchem seine beiden Brüder geblieben waren. Da war großer Auflauf und Lärmen, und als er fragte, was da vor wäre, hieß es, es sollten zwei Leute aufgehängt werden. Als er näher hinzukam, sah er, dass es seine Brüder waren, die allerhand schlimme Streiche verübt und all ihr Gut vertan hatten. Er fragte, ob sie nicht könnten frei gemacht werden. »Wenn Ihr für sie bezahlen wollt«, antworteten die Leute, »aber was wollt Ihr an die schlechten Menschen Euer Geld hängen und sie loskaufen.« Er besann sich aber nicht, zahlte für sie, und als sie frei gegeben waren, so setzten sie die Reise gemeinschaftlich fort.

Sie kamen in den Wald, wo ihnen der Fuchs zuerst begegnet war, und da es darin kühl und lieblich war und die Sonne heiß brannte, so sagten die beiden Brüder: »Lasst uns hier an dem Brunnen ein wenig ausruhen, essen und trinken.« Er willigte ein, und während des Gesprächs vergaß er sich, setzte sich an den

Brunnenrand und versah sich nichts Arges. Aber die beiden Brüder warfen ihn rückwärts in den Brunnen, nahmen die Jungfrau, das Pferd und den Vogel und zogen heim zu ihrem Vater. »Da bringen wir nicht bloß den goldenen Vogel«, sagten sie, »wir haben auch das goldene Pferd und die Jungfrau von dem goldenen Schlosse erbeutet.« Da war große Freude, aber das Pferd, das fraß nicht, der Vogel, der pfiff nicht, und die Jungfrau, die saß und weinte.

Der jüngste Bruder war aber nicht umgekommen. Der Brunnen war zum Glück trocken, und er fiel auf weiches Moos, ohne Schaden zu nehmen, konnte aber nicht wieder heraus. Auch in dieser Not verließ ihn der treue Fuchs nicht, kam zu ihm herabgesprungen und schalt ihn, dass er seinen Rat vergessen hätte. »Ich kann's aber doch nicht lassen«, sagte er, »ich will dir wieder an das Tageslicht helfen.« Er sagte ihm, er sollte seinen Schwanz anpacken und sich fest daran halten, und zog ihn dann in die Höhe. »Noch bist du nicht aus aller Gefahr«, sagte der Fuchs, »deine Brüder waren deines Todes nicht gewiss und haben den Wald mit Wächtern umstellt, die sollen dich töten, wenn du dich sehen ließest.« Da saß ein armer Mann am Weg, mit dem vertauschte der Jüngling die Kleider und gelangte auf diese Weise an des Königs Hof. Niemand erkannte ihn, aber der Vogel fing an zu pfeifen, das Pferd fing an zu fressen, und die schöne Jungfrau hörte Weinens auf. Der König fragte verwundert: »Was hat das zu bedeuten?« Da sprach die Jungfrau: »Ich weiß es nicht, aber ich war so traurig, und nun bin ich so fröhlich. Es ist mir, als wäre mein rechter Bräutigam gekommen.« Sie erzählte ihm alles, was geschehen war, obgleich die andern Brüder ihr den Tod angedroht hatten, wenn sie etwas verraten würde. Der König hieß alle Leute vor sich bringen, die in seinem Schloss waren, da kam auch der Jüngling als ein armer Mann in seinen Lumpenkleidern, aber die Jungfrau erkannte ihn gleich und fiel ihm um den Hals. Die gottlosen Brüder wurden ergriffen und hingerichtet, er aber ward mit der schönen Jungfrau vermählt und zum Erben des Königs bestimmt.

Aber wie ist es dem armen Fuchs ergangen? Lange danach ging der Königssohn einmal wieder in den Wald, da begegnete ihm der Fuchs und sagte: »Du hast nun alles, was du dir wünschen kannst, aber mit meinem Unglück will es kein Ende nehmen, und es steht doch in deiner Macht, mich zu erlösen«, und abermals bat er flehentlich, er möchte ihn totschießen und ihm Kopf und Pfoten abhauen. Also tat er's, und kaum war es geschehen, so verwandelte sich der Fuchs in einen Menschen und war niemand anders als der Bruder der schönen Königstochter, der endlich von dem Zauber, der auf ihm lag, erlöst war. Und nun fehlte nichts mehr zu ihrem Glück, solange sie lebten.

Zu diesem Märchen

Faszinierend, wie in »Der goldene Vogel« der Gegensatz von Schein und Sein durchgespielt wird! Nur in der »Großen Ausgabe« vertreten, ist dieses Grimm'sche Zaubermärchen nicht so bekannt, der Erzähltyp – »Vogel, Pferd und Königstochter« – hingegen alt und weit verbreitet. Oft gehen die drei Söhne eines Königs auf die Suche nach dem goldenen Vogel, weil nur dessen Gesang ihren kranken Vater heilen kann.

Hier scheint Vater König eher ein »spießig-nüchterner Monarch« zu sein, der die Goldäpfel an seinem Baum zählen lässt.[39] Golden sind auch Feder und Vogel (1819 sogar noch »ganz von purem Gold«), golden der Käfig, das Pferd mitsamt Sattel sowie das Schloss, in dem die schöne Jungfrau wohnt. Gold symbolisiert innere Werte und Schönheit, ist erstrebenswertes Gut und zentral in diesem Dreibrüdermärchen.

39 Rudolf Geiger: Märchenkunde. Mensch und Schicksal im Spiegel der Grimmschen Märchen. Stuttgart 1982, S. 178.

Erzählungen von drei Brüdern berichten meistens von Spannungen in der Familie. Regelmäßig wird der Jüngste als dumm hingestellt. Der eigene Vater meint, es fehle ihm »am Besten«. Märchenerfahrene allerdings erkennen den unterschätzten »unpromising hero« sofort als Wert-Träger und dürfen hoffen, dass nur er Erfolg haben wird – nicht aber die älteren Brüder, welche sich auf ihre »Klugheit« verlassen.[40] Mit einem Prinzen und zugleich Jüngsten, dem vermeintlichen Dummling, können männliche Märchenhörer, besonders auch Kinder, sich gut identifizieren.

Gerade der Jüngste symbolisiert im Märchen das »Umwegwesen« Mensch: gefährdet, aber entwicklungsfähig. Und was für Umwege der Jüngling macht! Wann immer er dem Rat des Fuchses nicht folgt, gerät er in Lebensgefahr und in das nächste, spannende Abenteuer, gewinnt dabei aber einen noch größeren Schatz. Schein oder Sein: Gehören hier nicht goldener Vogel und goldener Käfig zusammen? Edles Pferd plus passender Sattel? Und muss nicht die Königstochter von ihren Eltern Abschied nehmen können, um frei zu sein für ihn? Doch es ist nicht alles Gold, was glänzt. Auch das spürt der junge Mann und meidet das hell erleuchtete Wirtshaus. Er tut also (fast) immer das Richtige, ob er dem Fuchs nun gehorcht oder nicht.

Ratgeber, Reittier, Helfer, Retter aus dem Brunnen: Der Fuchs zeigt viele Facetten und unendliche Geduld mit dem Jüngling. Die schwierigste Aufgabe erledigt er selbst während des (magischen?) Schlafs des Helden. In seiner Tiergestalt muss der Helfer über beachtliche Fähigkeiten verfügen, denn am anderen Morgen ist ein ganzer Berg abgetragen – wie, erfahren wir nicht. Wenn man das Märchen vom Schluss her liest, hat der Fuchs den Königssohn strategisch-listenreich über alle drei Glieder der Abenteuerkette

---

40 Enzyklopädie des Märchens. Band 3: Dümmling, Dummling (Max Lüthi).

zum goldenen Schloss geführt, zu seiner Schwester nämlich. Wie geschickt hat er ihn auf das passende Zubehör zu den goldenen Tieren extra hingewiesen, ihn durch seine Warnungen geradezu herausgefordert, das Bessere zu nehmen! Er braucht den Helden, so wie dieser seine Hilfe braucht. Erst am Schluss hören wir von einer Verzauberung oder Verwünschung. Da die Tierverwandlung äußerlich aufgefasst wird, muss der Jüngling den Fuchs märchentypisch enthaupten, um ihn zu erlösen. In der Ausgabe letzter Hand der »Kinder- und Hausmärchen« sind nun alle glücklich, sogar der »alte Fuchs« der früheren Fassungen, aus dem Wilhelm Grimm – sprachlich ein sicheres Zeichen seiner Sympathie – einen »armen« Fuchs gemacht hat.

Die Erlösung zum Menschen gewährt dieses klug gebaute Märchen (beziehungsweise der Königssohn) dem Fuchs aber erst, nachdem auch das Brüderproblem gelöst ist. Die Älteren leben im hell erleuchteten Wirtshaus ihren Lüsten und haben inzwischen »schlimme Streiche verübt«. Im Märchen »Der treue Fuchs« des Hofpredigers Christoph Wilhelm Günther, aus dem die Grimms manches übernahmen, sind beide längst zu Räubern, ja Mördern geworden und hätten die Todesstrafe wirklich verdient.[41] Doch während Günther sie auf Bitten des Prinzen am Ende in einsame Schlösser verbannt, werden die »gottlosen« Brüder nach Grimm'scher Lesart ergriffen und hingerichtet – und der Jüngste ist Alleinerbe.

Zunächst benachteiligt, gewinnt hier ein Märchenheld wirklich alles: das Königreich, eine schöne Frau, die ihn liebt, ein goldenes Pferd und den goldenen Vogel. In dem treuen Schwager hat er zudem einen echten Bruder gefunden.

---

41 Abgedruckt in: Märchen vor Grimm. Herausgegeben von Hans-Jörg Uther. München 1998, Nr. 26.

Schneeweißchen
und Rosenrot

Eine arme Witwe, die lebte einsam in einem Hüttchen, und vor dem Hüttchen war ein Garten, darin standen zwei Rosenbäumchen, davon trug das eine weiße, das andere rote Rosen; und sie hatte zwei Kinder, die glichen den beiden Rosenbäumchen, und das eine hieß Schneeweißchen, das andere Rosenrot. Sie waren aber so fromm und gut, so arbeitsam und unverdrossen, als je zwei Kinder auf der Welt gewesen sind: Schneeweißchen war nur stiller und sanfter als Rosenrot. Rosenrot sprang lieber in den Wiesen und Feldern umher, suchte Blumen und fing Sommervögel. Schneeweißchen aber saß daheim bei der Mutter, half ihr im Hauswesen oder las ihr vor, wenn nichts zu tun war.

Die beiden Kinder hatten einander so lieb, dass sie sich immer an den Händen fassten, sooft sie zusammen ausgingen; und wenn Schneeweißchen sagte: »Wir wollen uns nicht verlassen«, so antwortete Rosenrot: »Solange wir leben, nicht«, und die Mutter setzte hinzu: »Was das eine hat, soll's mit dem andern teilen.« Oft liefen sie im Walde allein umher und sammelten rote Beeren, aber kein Tier tat ihnen etwas zuleid, sondern sie kamen vertraulich herbei: Das Häschen fraß ein Kohlblatt aus ihren Händen, das Reh graste an ihrer Seite, der Hirsch sprang ganz lustig vorbei, und die Vögel blieben auf den Ästen sitzen und sangen, was sie nur wussten. Kein Unfall traf sie: Wenn sie sich im Walde verspätet hatten und die Nacht sie überfiel, so legten sie sich nebeneinander auf das Moos und schliefen, bis der Morgen kam, und die Mutter wusste das und hatte ihretwegen keine Sorge. Einmal, als sie im Walde übernachtet hatten und das Morgenrot sie aufweckte, da sahen sie ein schönes Kind in einem weißen, glänzenden Kleidchen neben ihrem Lager sitzen. Es stand auf und blickte sie ganz freundlich an, sprach aber nichts und ging in den Wald hinein. Und als sie sich umsahen, so hatten sie ganz nahe bei einem Abgrunde geschlafen und wären gewiss hineingefallen, wenn sie in der Dunkelheit noch ein paar Schritte weitergegangen wären. Die Mutter aber sagte ihnen, das müsste der Engel gewesen sein, der gute Kinder bewache.

Schneeweißchen und Rosenrot hielten das Hüttchen der Mutter so reinlich, dass es eine Freude war hineinzuschauen. Im Sommer besorgte Rosenrot das Haus und stellte der Mutter jeden Morgen, ehe sie aufwachte, einen Blumenstrauß vors Bett, darin war von jedem Bäumchen eine Rose. Im Winter zündete Schneeweißchen das Feuer an und hing den Kessel an den Feuerhaken, und der Kessel war von Messing, glänzte aber wie Gold, so rein war er gescheuert. Abends, wenn die Flocken fielen, sagte die Mutter: »Geh, Schneeweißchen, und schieb den Riegel vor«, und dann setzten sie sich an den Herd, und die Mutter nahm die Brille und las aus einem großen Buche vor, und die beiden Mädchen hörten zu, saßen und spannen; neben ihnen lag ein Lämmchen auf dem Boden, und hinter ihnen auf einer Stange saß ein weißes Täubchen und hatte seinen Kopf unter den Flügel gesteckt.

Eines Abends, als sie so vertraulich beisammen saßen, klopfte jemand an die Türe, als wollte er eingelassen sein. Die Mutter sprach: »Geschwind, Rosenrot, mach auf, es wird ein Wanderer sein, der Obdach sucht.« Rosenrot ging und schob den Riegel weg und dachte, es wäre ein armer Mann, aber der war es nicht, es war ein Bär, der seinen dicken schwarzen Kopf zur Türe hereinstreckte. Rosenrot schrie laut und sprang zurück: Das Lämmchen blökte, das Täubchen flatterte auf, und Schneeweißchen versteckte sich hinter der Mutter Bett. Der Bär aber fing an zu sprechen und sagte: »Fürchtet euch nicht, ich tue euch nichts zuleid, ich bin halb erfroren und will mich nur ein wenig bei euch wärmen.« »Du armer Bär«, sprach die Mutter, »leg dich ans Feuer, und gib nur acht, dass dir dein Pelz nicht brennt.« Dann rief sie: »Schneeweißchen, Rosenrot, kommt hervor, der Bär tut euch nichts, er meint's ehrlich.« Da kamen sie beide heran, und nach und nach näherten sich auch das Lämmchen und Täubchen und hatten keine Furcht vor ihm. Der Bär sprach: »Ihr Kinder, klopft mir den Schnee ein wenig aus dem Pelzwerk«, und sie holten den Besen und kehrten dem Bär das Fell rein; er aber streckte sich ans Feuer und brummte ganz vergnügt und behaglich.

Nicht lange, so wurden sie ganz vertraut und trieben Mutwillen mit dem unbeholfenen Gast. Sie zausten ihm das Fell mit den Händen, setzten ihre Füßchen auf seinen Rücken und walgerten ihn hin und her, oder sie nahmen eine Haselrute und schlugen auf ihn los, und wenn er brummte, so lachten sie. Der Bär ließ sich's aber gerne gefallen, nur wenn sie's gar zu arg machten, rief er: »Lasst mich am Leben, ihr Kinder:

Schneeweißchen, Rosenrot,

schlägst dir den Freier tot.«

Als Schlafenszeit war und die andern zu Bett gingen, sagte die Mutter zu dem Bär: »Du kannst in Gottes Namen da am Herde liegen bleiben, so bist du vor der Kälte und dem bösen Wetter geschützt.« Sobald der Tag graute, ließen ihn die beiden Kinder hinaus, und er trabte über den Schnee in den Wald hinein. Von nun an kam der Bär jeden Abend zu der bestimmten Stunde, legte sich an den Herd und erlaubte den Kindern, Kurzweil mit ihm zu treiben, so viel sie wollten; und sie waren so gewöhnt an ihn, dass die Türe nicht eher zugeriegelt ward, als bis der schwarze Gesell angelangt war.

Als das Frühjahr herangekommen und draußen alles grün war, sagte der Bär eines Morgens zu Schneeweißchen: »Nun muss ich fort und darf den ganzen Sommer nicht wiederkommen.«

»Wo gehst du denn hin, lieber Bär?«, fragte Schneeweißchen. »Ich muss in den Wald und meine Schätze vor den bösen Zwergen hüten: Im Winter, wenn die Erde hart gefroren ist, müssen sie wohl unten bleiben und können sich nicht durcharbeiten, aber jetzt, wenn die Sonne die Erde aufgetaut und erwärmt hat, da brechen sie durch, steigen herauf, suchen und stehlen; was einmal in ihren Händen ist und in ihren Höhlen liegt, das kommt so leicht nicht wieder an des Tages Licht.« Schneeweißchen war ganz traurig über den Abschied, und als es ihm die Türe aufriegelte und der Bär sich hinausdrängte, blieb er an dem Türhaken hängen, und ein Stück seiner Haut riss auf, und da war es Schneeweißchen, als hätte es Gold durchschimmern gesehen; aber es war seiner Sache nicht gewiss. Der Bär lief eilig fort und war bald hinter den Bäumen verschwunden.

Nach einiger Zeit schickte die Mutter die Kinder in den Wald, Reisig zu sammeln. Da fanden sie draußen einen großen Baum, der lag gefällt auf dem Boden, und an dem Stamme sprang zwischen dem Gras etwas auf und ab, sie konnten aber nicht unterscheiden, was es war. Als sie näher kamen, sahen sie einen Zwerg mit einem alten, verwelkten Gesicht und einem ellenlangen, schneeweißen Bart. Das Ende des Bartes war in eine Spalte des Baums eingeklemmt, und der Kleine sprang hin und her wie ein Hündchen an einem Seil und wusste nicht, wie er sich helfen sollte. Er glotzte die Mädchen mit seinen roten feurigen Augen an und schrie: »Was steht ihr da! Könnt ihr nicht herbeigehen und mir Beistand leisten?« »Was hast du angefangen, kleines Männchen?«, fragte Rosenrot. »Dumme, neugierige Gans«, antwortete der Zwerg, »den Baum habe ich mir spalten wollen, um kleines Holz in der Küche zu haben; bei den dicken Klötzen verbrennt gleich das bisschen Speise, das unsereiner braucht, der nicht so viel hinunterschlingt als ihr grobes, gieriges Volk. Ich hatte den Keil schon glücklich hineingetrieben, und es wäre alles nach Wunsch gegangen, aber das verwünschte Holz war zu glatt und sprang unversehens heraus, und der Baum fuhr so geschwind zusammen, dass ich meinen schönen weißen Bart nicht mehr herausziehen konnte; nun steckt er drin, und ich kann nicht fort. Da lachen die albernen glatten Milchgesichter! Pfui, was seid ihr garstig!« Die Kinder gaben sich alle Mühe, aber sie konnten den Bart nicht herausziehen, er steckte zu fest. »Ich will laufen und Leute herbeiholen«, sagte Rosenrot. »Wahnsinnige Schafsköpfe«, schnarrte der Zwerg, »wer wird gleich Leute herbeirufen, ihr seid mir schon um zwei zu viel; fällt euch nicht Besseres ein?« »Sei nur nicht ungeduldig«, sagte Schneeweißchen, »ich will schon Rat schaffen«, holte sein Scherchen aus der Tasche und schnitt das Ende des Bartes ab. Sobald der Zwerg sich frei fühlte, griff er nach einem Sack, der zwischen den Wurzeln des Baumes steckte und mit Gold gefüllt war, hob ihn heraus und brummte vor sich hin: »Ungehobeltes Volk, schneidet mir ein Stück von meinem stolzen Barte ab! Lohn's euch der Guckuck!« Damit schwang er seinen Sack auf den Rücken und ging fort, ohne die Kinder nur noch einmal anzusehen.

Einige Zeit danach wollten Schneeweißchen und Rosenrot ein Gericht Fische angeln. Als sie nahe bei dem Bach waren, sahen sie, dass etwas wie eine große Heuschrecke nach dem Wasser zu hüpfte, als wollte es hineinspringen. Sie liefen heran und erkannten den Zwerg. »Wo willst du hin?«, sagte Rosenrot, »du willst doch nicht ins Wasser?« »Solch ein Narr bin ich nicht«, schrie der Zwerg, »seht ihr nicht, der verwünschte Fisch will mich hineinziehen!« Der Kleine hatte dagesessen und geangelt, und unglücklicherweise hatte der Wind seinen Bart mit der Angelschnur verflochten; als gleich darauf ein großer Fisch anbiss, fehlten dem schwachen Geschöpf die Kräfte, ihn herauszuziehen: Der Fisch behielt die Oberhand und riss den Zwerg zu sich hin. Zwar hielt er sich an allen Halmen und Binsen, aber das half nicht viel, er musste den Bewegungen des Fisches folgen und war in beständiger Gefahr, ins Wasser gezogen zu werden. Die Mädchen kamen zu rechter Zeit, hielten ihn fest und versuchten den Bart von der Schnur loszumachen, aber vergebens, Bart und Schnur waren fest ineinander verwirrt. Es blieb nichts übrig, als das Scherchen hervorzuholen und den Bart abzuschneiden, wobei ein kleiner Teil desselben verloren ging. Als der Zwerg das sah, schrie er sie an: »Ist das Manier, ihr Lorche, einem das Gesicht zu schänden? Nicht genug, dass ihr mir den Bart unten abgestutzt habt, jetzt schneidet ihr mir den besten Teil davon ab: Ich darf mich vor den Meinigen gar nicht sehen lassen. Dass ihr laufen müsstet und die Schuhsohlen verloren hättet!« Dann holte er einen Sack Perlen, der im Schilfe lag, und ohne ein Wort weiter zu sagen, schleppte er ihn fort und verschwand hinter einem Stein.

Es trug sich zu, dass bald hernach die Mutter die beiden Mädchen nach der Stadt schickte, Zwirn, Nadeln, Schnüre und Bänder einzukaufen. Der Weg führte sie über eine Heide, auf der hier und da mächtige Felsenstücke zerstreut lagen. Da sahen sie einen großen Vogel in der Luft schweben, der langsam über ihnen kreiste, sich immer tiefer herabsenkte und endlich nicht weit bei einem Felsen niederstieß. Gleich darauf hörten sie einen durchdringenden, jämmerlichen Schrei. Sie liefen herzu und sahen mit Schrecken, dass der Adler ihren alten Bekannten, den Zwerg, gepackt hatte und ihn forttragen wollte. Die mitleidigen Kinder hielten gleich das Männchen fest und zerrten sich so lange mit dem Adler herum, bis er seine Beute fahren ließ. Als der Zwerg sich von dem ersten Schrecken erholt hatte, schrie er mit seiner kreischenden Stimme: »Konntet ihr nicht säuberlicher mit mir umgehen? Gerissen habt ihr an meinem dünnen Röckchen, dass es überall zerfetzt und durchlöchert ist, unbeholfenes und täppisches Gesindel, das ihr seid!« Dann nahm er einen Sack mit Edelsteinen und schlüpfte wieder unter den Felsen in seine Höhle. Die

Mädchen waren an seinen Undank schon gewöhnt, setzten ihren Weg fort und verrichteten ihr Geschäft in der Stadt.

Als sie beim Heimweg wieder auf die Heide kamen, überraschten sie den Zwerg, der auf einem reinlichen Plätzchen seinen Sack mit Edelsteinen ausgeschüttet und nicht gedacht hatte, dass so spät noch jemand daherkommen würde. Die Abendsonne schien über die glänzenden Steine, sie schimmerten und leuchteten so prächtig in allen Farben, dass die Kinder stehen blieben und sie betrachteten. »Was steht ihr da und habt Maulaffen feil!«, schrie der Zwerg, und sein aschgraues Gesicht ward zinnoberrot vor Zorn. Er wollte mit seinen Scheltworten fortfahren, als sich ein lautes Brummen hören ließ und ein schwarzer Bär aus dem Walde herbeitrabte. Erschrocken sprang der Zwerg auf, aber er konnte nicht mehr zu seinem Schlupfwinkel gelangen, der Bär war schon in seiner Nähe. Da rief er in Herzensangst: »Lieber Herr Bär, verschont mich, ich will Euch alle meine Schätze geben, sehet, die schönen Edelsteine, die da liegen. Schenkt mir das Leben, was habt Ihr an mir kleinen, schmächtigen Kerl? Ihr spürt mich nicht zwischen den Zähnen; da, die beiden gottlosen Mädchen packt, das sind für Euch zarte Bissen, fett wie junge Wachteln, die fresst in Gottes Namen.« Der Bär kümmerte sich um seine Worte nicht, gab dem boshaften Geschöpf einen einzigen Schlag mit der Tatze, und es regte sich nicht mehr.

Die Mädchen waren fortgesprungen, aber der Bär rief ihnen nach: »Schneeweißchen und Rosenrot, fürchtet euch nicht, wartet, ich will mit euch gehen.« Da erkannten sie seine Stimme und blieben stehen, und als der Bär bei ihnen war, fiel plötzlich die Bärenhaut ab, und er stand da als ein schöner Mann und war ganz in Gold gekleidet. »Ich bin eines Königs Sohn«, sprach er, »und war von dem gottlosen Zwerg, der mir meine Schätze gestohlen hatte, verwünscht, als ein wilder Bär in dem Walde zu laufen, bis ich durch seinen Tod erlöst würde. Jetzt hat er seine wohlverdiente Strafe empfangen.«

Schneeweißchen ward mit ihm vermählt und Rosenrot mit seinem Bruder, und sie teilten die großen Schätze miteinander, die der Zwerg in seine Höhle zusammengetragen hatte. Die alte Mutter lebte noch lange Jahre ruhig und glücklich bei ihren Kindern. Die zwei Rosenbäumchen aber nahm sie mit, und sie standen vor ihrem Fenster und trugen jedes Jahr die schönsten Rosen, weiß und rot.

Zu diesem Märchen
Über die beiden Schwestern, den Zwerg und den Bären haben sich viele Männer lustig gemacht. Die Händchen haltenden Mädchen und die vielen Verkleinerungsformen werden als Verniedlichungen kritisiert, das Häschen im Wald, das Lämmchen und das Täubchen in der Hütte für Kitsch erklärt, der rein gescheuerte Kessel als biedermeierliche Idealvorstellung angeschwärzt, und natürlich wird auch über den Schutzengel gelästert. Kurzum: Das »Heile-Welt«-Märchen steht immer wieder in der Kritik – und erlebt eigenwillige Deutungen.

Grimm-Philologen lesen es im Wortlaut. In der langen Eingangsszene empfinden sie ein »Schwindelgefühl angesichts so viel enervierender Bravheit und Häuslichkeit« oder betonen als Botschaft die »vollkommene Harmonie« der beiden Schwestern (auch mit der sie umgebenden Natur), durch die sie sich ein »Anrecht auf das Märchenglück« erwerben. Psychoanalytiker suchen unter der Oberfläche. Dabei entdecken sie, dass Schneeweißchen und Rosenrot neugierig, wenig schamhaft und gar nicht zimperlich seien oder aber »konträre Gegensätze«.[42] Oder vielleicht nur eine einzige Person? Der Spruch des Bären, der nur einen Freier nennt,

42 Heinz Rölleke: Die Frau in den Märchen der Brüder Grimm. In: Die Frau im Märchen. Herausgegeben von Sigrid Früh und Rainer Wehse. Kassel 1985, S. 75; Wilhelm Solms: Die Moral von Grimms Märchen. Darmstadt 1999, S. 39; Carl-Heinz Mallet: Das Einhorn bin ich. Das Bild des Menschen im Märchen. Hamburg 1982, S. 12-64.

verweise auf beider Identität. Und obwohl sie zweifelsfrei Mädchen sind, soll bei ihrer Charakterisierung »das Geschwisterpaar Grimm und seine lebenslange Gemeinschaft Pate gestanden« haben.[43]

Kritik und widersprüchliche Deutungsversuche erklären sich größtenteils aus der Entstehungsgeschichte dieses Märchens. Kurz gefasst: Aus einer Zwergensage der deutschen Schriftstellerin Caroline Stahl, zudem inspiriert durch den Spruch mit dem Freier, machte Wilhelm Grimm in Eigenregie ein Tierbräutigam-Märchen: mit der breit angelegten Eingangsszene und Farbsymbolik der Rosenbäumchen, mit der Entwandlung des Bären in einen schönen Königssohn und der Doppelhochzeit. Das einzige Kunstmärchen in Grimms Sammlung ist nicht anonym, nicht alt und nicht »naiv« wie ein »Volksmärchen«, sondern stark geprägt von Wilhelms eigenen Vorstellungen. Seinem schwarzen Bären, einer Art Kompromiss zwischen frühem Teddy und dem »Tier im Mann« (oder korrekt: Tierbräutigam), hat er kurzerhand einen prinzlichen Bruder verpasst, damit Rosenrot nicht leer ausgeht.[44] Der Zwerg wirkt hier – anders als in »Sneewittchen« oder in »Die sieben Raben« – hässlich und böse; das hat er aus Caroline Stahls Sage geerbt. Seine beleidigenden Worte, die durchaus komisch klingen (etwa »ihr Lorche«), legte ihm Wilhelm selbst in den Mund.

Was die Kritiker auch sagen mögen: Bei Kindern und bei Frauen waren und sind die beiden Heldinnen, die zwei Rosenbäumchen gleichen, sehr beliebt – und ungemein bekannt. Schneeweißchen und Rosenrot werden heute als »Weihnachtsmärchen« vermarktet oder sogar als Kurzurlaub für zwei Frauen: »Wellness

---

43 Ulf Diederichs: Who's who im Märchen. München 1995, S. 291-293; Enzyklopädie des Märchens. Band 8: Mädchen und Bär (Heinz Rölleke).
44 Barbara Gobrecht: Der Bär im Märchen. In: Märchenforum 32. Winter 2006/7, S. 3-7.

wie im Märchen«. Sicherlich trägt die Verdopplung der Mädchen sehr zum Reiz dieses Ausnahmemärchens bei. Schwestern, die sich gut vertragen und ergänzen, und eine alte Mutter, die ruhig und glücklich bei ihren Kindern leben darf, wirken modellhaft. Die Rosenbäumchen als märchentypische Sympathiepflanzen offenbaren den unterschiedlichen Charakter von zweien, die zusammengehören.

Ich meine, man sollte das Märchen würdigen als das, was es ist: eine sehr persönliche Leistung Wilhelm Grimms.

Vom Johannes-Wassersprung und Caspar-Wassersprung

Ein König hatte eine Prinzessin, welche nicht heiraten sollte; er ließ ihr daher ein Haus im Walde bauen. Nicht weit davon war eine wohltätige Quelle; sie ließ sich hiervon reichen und trank es; und die Folge davon war, dass sie zwei Prinzen gebar. Sie zieht sie groß, und der König, welchem es lange nachher gemeldet wurde, lässt sie die Jägerei lernen. Sie wollen nun reisen und lassen sich jeder vom König einen silbernen Stern, ein Pferd und Hund geben. In einem Wald zielen beide nach zwei Hasen, welche aber um Gnade flehen und ihnen in jeder Gefahr Hilfe zu leisten versprechen. Ebenso bekommt jeder einen Bär.

Auf einem Scheideweg teilten sich beide und stecken ihre Messer in einen nahe stehenden Baum, an deren Rost sie erkennen wollten, ob einer von ihnen tot wäre, wenn sie auf demselben Weg wieder zurückkämen.

Johannes Wassersprung kommt in eine Stadt, wo alles traurig ist; er fragt nach der Ursache und erfährt, dass eine Prinzessin einem Drachen solle geopfert werden, und wer sie davon rettete, solle sie zur Gemahlin haben. Um den Drachen zu hintergehen, schicken sie die Kammerjungfer, aber vergebens; die Prinzessin muss selbst hinaus fahren. Der Drache kommt. Johannes Wassersprung sucht ihn zu erlegen. Der Hund und Bär dämpfen mit Gras das Feuer, das er speit; er selbst haut ihm die sieben Köpfe ab und steckt die Zungen bei sich. Als er vor Ermüdung eingeschlafen war, kommt der Kutscher der Prinzessin und ersticht ihn, fährt mit ihr nach dem Schlosse und nimmt sie zur Gemahlin.

Während Johannes Wassersprung tot daliegt, sieht sein Vieh Ameisen, welche ihre Toten mit dem Saft einer nahen Eiche bestreichen und wovon sie sogleich wieder lebendig werden. Mit diesem Saft bestreicht der Bär den Johannes Wassersprung, und er wird wieder lebendig. Er geht in die Stadt, wo die Hochzeit der Prinzessin gefeiert wird. Der Hund und Bär laufen ins Schloss, wo ihnen die Prinzessin Braten und Wein um den Hals bindet. Man verfolgt sie bis in die Wohnung des Johannes Wassersprung – dieser wird zur Mahlzeit eingeladen und erscheint. Eben wird eine Schüssel mit den sieben Drachenköpfen aufgetragen, welche der Kutscher mitgenommen hatte. Johannes legt die sieben Zungen dabei und wird für den rechten Gemahl erkannt.

Bald darauf geht er auf die Jagd, verfolgt einen Hirsch mit silbernen Geweihen, kommt bei eine alte Frau und wird von ihr, samt seinem Hund, Pferd und Bär, in Stein verwandelt.

Indessen kam sein Bruder zu jenem Baume, sieht das Messer verrostet, beschließt seinen Bruder aufzusuchen, kommt in dieselbe Stadt und wird irrigerweise für den Gemahl der Prinzessin erkannt. Er geht auf die Jagd, trifft dieselbe alte Frau an und zwingt sie, den verwandelten Steinen ihre vorige Gestalt wiederzugeben. Beide Brüder erkennen sich, reisen zum Schloss, machen vorher aus, dass derjenige Gemahl sein solle, welchem die Prinzessin zuerst um den Hals fallen werde, und dies geschieht dem Johannes-Wassersprung.

Die zwei Brüder

Es waren einmal zwei Brüder, ein reicher und ein armer. Der reiche war ein Goldschmied und bös von Herzen; der arme nährte sich davon, dass er Besen band, und war gut und redlich. Der Arme hatte zwei Kinder, das waren Zwillingsbrüder und sich so ähnlich wie ein Tropfen Wasser dem andern. Die zwei Knaben gingen in des Reichen Haus ab und zu und erhielten von dem Abfall manchmal etwas zu essen. Es trug sich zu, dass der arme Mann, als er in den Wald ging, Reisig zu holen, einen Vogel sah, der ganz golden war und so schön, wie ihm noch niemals einer vor Augen gekommen war. Da hob er ein Steinchen auf, warf nach ihm und traf ihn auch glücklich; es fiel aber nur eine goldene Feder herab, und der Vogel flog fort. Der Mann nahm die Feder und brachte sie seinem Bruder, der sah sie an und sprach: »Es ist eitel Gold«, und gab ihm viel Geld dafür.

Am andern Tag stieg der Mann auf einen Birkenbaum und wollte ein paar Äste abhauen; da flog derselbe Vogel heraus, und als der Mann nachsuchte, fand er ein Nest, und ein Ei lag darin, das war von Gold. Er nahm das Ei mit heim und brachte es seinem Bruder, der sprach wiederum: »Es ist eitel Gold«, und gab ihm, was es wert war. Zuletzt sagte der Goldschmied: »Den Vogel selber möcht ich wohl haben.« Der Arme ging zum dritten Mal in den Wald und sah den Goldvogel wieder auf dem Baum sitzen; da nahm er einen Stein und warf ihn herunter und brachte ihn seinem Bruder, der gab ihm einen großen Haufen Gold dafür. »Nun kann ich mir forthelfen«, dachte er und ging zufrieden nach Haus.

Der Goldschmied war klug und listig und wusste wohl, was das für ein Vogel war. Er rief seine Frau und sprach: »Brat mir den Goldvogel und sorge, dass nichts davon wegkommt: Ich habe Lust, ihn ganz allein zu essen.« Der Vogel war aber kein gewöhnlicher, sondern so wunderbarer Art, dass, wer Herz und Leber von ihm aß, jeden Morgen ein Goldstück unter seinem Kopfkissen fand. Die Frau machte den Vogel zurecht, steckte ihn an einen Spieß und ließ ihn braten. Nun geschah es, dass während er am Feuer stand und die Frau anderer Arbeiten wegen notwendig aus der Küche gehen musste, die zwei Kinder des armen Besenbinders hereinliefen, sich vor den Spieß stellten und ihn ein paar Mal herumdrehten. Und als da gerade zwei Stücklein aus dem Vogel in die Pfanne herabfielen, sprach der eine: »Die paar Bisschen wollen wir essen, ich bin so hungrig, es wird's ja niemand daran merken.« Da aßen sie beide die Stückchen auf; die Frau kam aber dazu, sah, dass sie etwas aßen, und sprach: »Was habt ihr gegessen?« »Ein paar Stückchen, die aus dem Vogel herausgefallen sind«, antworteten sie. »Das ist Herz und Leber gewesen«, sprach die Frau ganz erschrocken, und damit ihr Mann nichts vermisste und nicht böse ward, schlachtete sie geschwind ein Hähnchen, nahm Herz und Leber heraus und legte es zu dem Goldvogel. Als er gar war, trug sie ihn dem Goldschmied auf, der ihn ganz allein verzehrte und nichts übrig ließ. Am andern Morgen aber, als er unter sein Kopfkissen griff und dachte, das Goldstück hervorzuholen, war so wenig wie sonst eins zu finden.

Die beiden Kinder aber wussten nicht, was ihnen für ein Glück zuteil geworden war. Am andern Morgen, wie sie aufstanden, fiel etwas auf die Erde und klingelte, und als sie es aufhoben, da waren's zwei Goldstücke. Sie brachten sie ihrem Vater, der wunderte sich und sprach: »Wie sollte das zugegangen sein?« Als sie aber am andern Morgen wieder zwei fanden und so jeden Tag, da ging er zu seinem Bruder und erzählte ihm die seltsame Geschichte. Der Goldschmied merkte gleich, wie es gekommen war und dass die Kinder Herz und Leber von dem Goldvogel gegessen hatten, und, um sich zu rächen und weil er neidisch und hartherzig war, sprach er zu dem Vater: »Deine Kinder sind mit dem Bösen im Spiel, nimm das Gold nicht und dulde sie nicht länger in deinem Haus, denn er hat Macht über sie und kann dich selbst noch ins Verderben bringen.« Der Vater fürchtete den Bösen, und so schwer es ihm ankam, führte er doch die Zwillinge hinaus in den Wald und verließ sie da mit traurigem Herzen.

Nun liefen die zwei Kinder im Wald umher und suchten den Weg nach Haus, konnten ihn aber nicht finden, sondern verirrten sich immer weiter. Endlich begegneten sie einem Jäger, der fragte: »Wem gehört ihr, Kinder?« »Wir sind des armen Besenbinders Jungen«, antworteten sie und erzählten ihm, dass ihr Vater sie nicht länger im Hause hätte behalten wollen, weil alle Morgen ein Goldstück unter ihrem Kopfkissen läge. »Nun«, sagte der Jäger, »das ist gerade nichts Schlimmes, wenn ihr nur rechtschaffen dabei bleibt und euch nicht auf die faule Haut legt.« Der gute Mann, weil ihm die Kinder gefielen und er selbst keine hatte, so nahm er sie mit nach Haus und sprach: »Ich will euer Vater sein und euch großziehen.« Sie lernten da bei ihm die Jägerei, und das Goldstück, das ein jeder beim Aufstehen fand, das hob er ihnen auf, wenn sie's in Zukunft nötig hätten.

Als sie herangewachsen waren, nahm sie ihr Pflegevater eines Tages mit in den Wald und sprach: »Heute sollt ihr euern Probeschuss tun, damit ich euch freisprechen und zu Jägern machen kann.« Sie gingen mit ihm auf den Anstand und warteten lange, aber es kam kein Wild. Der Jäger sah über sich und sah eine Kette von Schneegänsen in der Gestalt eines Dreiecks fliegen, da sagte er zu dem einen: »Nun schieß von jeder Ecke eine herab.« Der tat's und vollbrachte damit seinen Probeschuss. Bald darauf kam noch eine Kette angeflogen und hatte die Gestalt der Ziffer Zwei; da hieß der Jäger den andern gleichfalls von jeder Ecke eine herunterholen, und dem gelang sein Probeschuss auch. Nun sagte der Pflegevater: »Ich spreche euch frei, ihr seid ausgelernte Jäger.« Darauf gingen die zwei Brüder zusammen in den Wald, ratschlagten miteinander und verabredeten etwas. Und als sie abends sich zum Essen niedergesetzt hatten, sagten sie zu ihrem Pflegevater: »Wir rühren die Speise nicht an und nehmen keinen Bissen, bevor Ihr uns eine Bitte gewährt habt.« Sprach er: »Was ist denn eure Bitte?« Sie antworteten: »Wir haben nun ausgelernt, wir müssen uns auch in der Welt versuchen, so erlaubt, dass wir fortziehen und wandern.« Da sprach der Alte mit Freuden: »Ihr redet wie brave Jäger, was ihr begehrt, ist mein eigener Wunsch gewesen; zieht aus, es wird euch wohl ergehen.« Darauf aßen und tranken sie fröhlich zusammen.

Als der bestimmte Tag kam, schenkte der Pflegevater jedem eine gute Büchse und einen Hund und ließ jeden von seinen gesparten Goldstücken nehmen, so viel er wollte. Darauf begleitete er sie ein Stück Wegs, und beim Abschied gab er ihnen noch ein blankes Messer und sprach: »Wann ihr euch einmal trennt, so stoßt dies Messer am Scheideweg in einen Baum, daran kann einer, wenn er zurückkommt, sehen, wie es seinem abwesenden Bruder ergangen ist, denn die Seite, nach welcher dieser ausgezogen ist, rostet, wann er stirbt; solange er aber lebt, bleibt sie blank.«

Die zwei Brüder gingen immer weiter fort und kamen in einen Wald, so groß, dass sie unmöglich in einem Tag heraus konnten. Also blieben sie die Nacht darin und aßen, was sie in die Jägertasche gesteckt hatten; sie gingen aber auch noch den zweiten Tag und kamen nicht heraus. Da sie nichts zu essen hatten, so sprach der eine: »Wir müssen uns etwas schießen, sonst leiden wir Hunger«, lud seine Büchse und sah sich um. Und als ein alter Hase dahergelaufen kam, legte er an, aber der Hase rief:

»Lieber Jäger, lass mich leben,
ich will dir auch zwei Junge geben.«

Sprang auch gleich ins Gebüsch und brachte zwei Junge; die Tierlein spielten aber so munter und waren so artig, dass die Jäger es nicht übers Herz bringen konnten, sie zu töten. Sie behielten sie also bei sich, und die kleinen Hasen folgten ihnen auf dem Fuße nach. Bald darauf schlich ein Fuchs vorbei, den wollten sie niederschießen, aber der Fuchs rief:

»Lieber Jäger, lass mich leben,
ich will dir auch zwei Junge geben.«

Er brachte auch zwei Füchslein, und die Jäger mochten sie auch nicht töten, gaben sie den Hasen zur Gesellschaft, und sie folgten ihnen nach. Nicht lange, so schritt ein Wolf aus dem Dickicht, die Jäger legten auf ihn an, aber der Wolf rief:

»Lieber Jäger, lass mich leben,
ich will dir auch zwei Junge geben.«

Die zwei jungen Wölfe taten die Jäger zu den anderen Tieren, und sie folgten ihnen nach. Darauf kam ein Bär, der wollte gern noch länger herumtraben und rief:

»Lieber Jäger, lass mich leben,
ich will dir auch zwei Junge geben.«

Die zwei jungen Bären wurden zu den andern gesellt und waren ihrer schon acht. Endlich, wer kam? Ein Löwe kam und schüttelte seine Mähnen. Aber die Jäger ließen sich nicht schrecken und zielten auf ihn; aber der Löwe sprach gleichfalls:

»Lieber Jäger, lass mich leben,
ich will dir auch zwei Junge geben.«

Er holte auch seine Jungen herbei, und nun hatten die Jäger zwei Löwen, zwei Bären, zwei Wölfe, zwei Füchse und zwei Hasen, die ihnen nachzogen und dienten. Indessen war ihr Hunger damit nicht gestillt worden, da sprachen sie zu den Füchsen: »Hört, ihr Schleicher, schafft uns etwas zu essen, ihr seid ja listig und verschlagen.« Sie antworteten: »Nicht weit von hier liegt ein Dorf, wo wir schon manches Huhn geholt haben; den Weg dahin wollen wir euch zeigen.« Da gingen sie ins Dorf, kauften sich etwas zu essen und ließen auch ihren Tieren Futter geben und zogen dann weiter. Die Füchse aber wussten guten Bescheid in der Gegend, wo die Hühnerhöfe waren, und konnten die Jäger überall zurechtweisen.

Nun zogen sie eine Weile herum, konnten aber keinen Dienst finden, wo sie zusammengeblieben wären, da sprachen sie: »Es geht nicht anders, wir müssen uns trennen.« Sie teilten die Tiere, so dass jeder einen Löwen, einen Bären, einen Wolf, einen Fuchs und einen Hasen bekam; dann nahmen sie Abschied, versprachen sich brüderliche Liebe bis in den Tod und stießen das Messer, das ihnen ihr Pflegevater mitgegeben, in einen Baum; worauf der eine nach Osten, der andere nach Westen zog.

Der jüngste aber kam mit seinen Tieren in eine Stadt, die war ganz mit schwarzem Flor überzogen. Er ging in ein Wirtshaus und fragte den Wirt, ob er nicht seine Tiere beherbergen könnte. Der Wirt gab ihnen einen Stall, wo in der Wand ein Loch war: Da kroch der Hase hinaus und holte sich ein Kohlhaupt, und der Fuchs holte sich ein Huhn, und als er das gefressen hatte, auch den Hahn dazu; der Wolf aber, der Bär und der Löwe, weil sie zu groß waren, konnten nicht hinaus. Da ließ sie der Wirt hinbringen, wo eben eine Kuh auf dem Rasen lag, dass sie sich satt fraßen. Und als der Jäger für seine Tiere gesorgt hatte, fragte er erst den Wirt, warum die Stadt so mit Trauerflor ausgehängt wäre. Sprach der Wirt: »Weil morgen unseres Königs einzige Tochter sterben wird.« Fragte der Jäger: »Ist sie sterbenskrank?« »Nein«, antwortete der Wirt, »sie ist frisch und gesund, aber sie muss doch sterben.« »Wie geht das zu?«, fragte der Jäger. »Draußen vor der Stadt ist ein hoher Berg, darauf wohnt ein Drache, der muss alle Jahr eine reine Jungfrau haben, sonst verwüstet er das ganze Land. Nun sind schon alle Jungfrauen hingegeben, und ist niemand mehr übrig als die Königstochter, dennoch ist keine Gnade, sie muss ihm überliefert werden; und das soll morgen geschehen.« Sprach der Jäger: »Warum wird der Drache nicht getötet?« »Ach«, antwortete der Wirt, »so viele Ritter haben's versucht, aber allesamt ihr Leben eingebüßt; der König hat dem, der den Drachen besiegt, seine Tochter zur Frau versprochen, und er soll auch nach seinem Tode das Reich erben.«

Der Jäger sagte dazu weiter nichts, aber am andern Morgen nahm er seine Tiere und stieg mit ihnen auf den Drachenberg. Da stand oben eine kleine Kirche, und auf dem Altar standen drei gefüllte Becher, und dabei war die Schrift »Wer die Becher austrinkt, wird der stärkste Mann auf Erden, und wird das Schwert führen, das vor der Türschwelle vergraben liegt.« Der Jäger trank da nicht, ging hinaus und suchte das Schwert in der Erde, vermochte aber nicht, es von der Stelle zu bewegen. Da ging er hin und trank die Becher aus und war nun stark genug, das Schwert aufzunehmen, und seine Hand konnte es ganz leicht führen. Als die Stunde kam, wo die Jungfrau dem Drachen sollte ausgeliefert werden, begleitete sie der König, der Marschall und die Hofleute hinaus. Sie sah von weitem den Jäger oben auf dem Drachenberg und meinte, der Drache stände da und erwartete sie, und wollte nicht hinaufgehen, endlich aber, weil die ganze Stadt sonst wäre verloren gewesen, musste sie den schweren Gang tun. Der König und die Hofleute kehrten voll großer Trauer heim, des Königs Marschall aber sollte stehen bleiben und aus der Ferne alles mit ansehen.

Als die Königstochter oben auf den Berg kam, stand da nicht der Drache, sondern der junge Jäger, der sprach ihr Trost ein und sagte, er wollte sie retten, führte sie in die Kirche und verschloss sie darin. Gar nicht lange, so kam mit großem Gebraus der siebenköpfige Drache dahergefahren. Als er den Jäger erblickte, verwunderte er sich und sprach: »Was hast du hier auf dem Berge zu schaffen?« Der Jäger antwortete: »Ich will mit dir kämpfen.« Sprach der Drache: »So mancher Rittersmann hat hier sein Leben gelassen, mit dir will ich auch fertig werden«, und atmete Feuer aus sieben Rachen. Das Feuer sollte das trockene Gras anzünden, und der Jäger sollte in der Glut und dem Dampf ersticken, aber die Tiere kamen herbeigelaufen und traten das Feuer aus. Da fuhr der Drache gegen den Jäger, aber er schwang sein Schwert, dass es in der Luft sang, und schlug ihm drei Köpfe ab. Da ward der Drache erst recht wütend, erhob sich in die Luft, spie die Feuerflammen über den Jäger aus und wollte sich auf ihn stürzen, aber der Jäger zückte nochmals sein Schwert und hieb ihm wieder drei

Köpfe ab. Das Untier ward matt und sank nieder und wollte doch wieder auf den Jäger los, aber er schlug ihm mit der letzten Kraft den Schweif ab, und weil er nicht mehr kämpfen konnte, rief er seine Tiere herbei, die zerrissen es in Stücke.

Als der Kampf zu Ende war, schloss der Jäger die Kirche auf und fand die Königstochter auf der Erde liegen, weil ihr die Sinne vor Angst und Schrecken während des Streites vergangen waren. Er trug sie heraus, und als sie wieder zu sich selbst kam und die Augen aufschlug, zeigte er ihr den zerrissenen Drachen und sagte ihr, dass sie nun erlöst wäre. Sie freute sich und sprach: »Nun wirst du mein liebster Gemahl werden, denn mein Vater hat mich demjenigen versprochen, der den Drachen tötet.« Darauf hing sie ihr Halsband von Korallen ab und verteilte es unter die Tiere, um sie zu belohnen, und der Löwe erhielt das goldene Schlösschen davon. Ihr Taschentuch aber, in dem ihr Name stand, schenkte sie dem Jäger, der ging hin und schnitt aus den sieben Drachenköpfen die Zungen aus, wickelte sie in das Tuch und verwahrte sie wohl.

Als das geschehen war, weil er von dem Feuer und dem Kampf so matt und müde war, sprach er zur Jungfrau: »Wir sind beide so matt und müde, wir wollen ein wenig schlafen.« Da sagte sie ja, und sie ließen sich auf die Erde nieder, und der Jäger sprach zu dem Löwen: »Du sollst wachen, damit uns niemand im Schlaf überfällt«, und beide schliefen ein. Der Löwe legte sich neben sie, um zu wachen, aber er war vom Kampf auch müde, dass er den Bären rief und sprach: »Lege dich neben mich, ich muss ein wenig schlafen, und wenn was kommt, so wecke mich auf.« Da legte sich der Bär neben ihn, aber er war auch müde und rief den Wolf und sprach: »Lege dich neben mich, ich muss ein wenig schlafen, und wenn was kommt, so wecke mich auf.« Da legte sich der Wolf neben ihn, aber er war auch müde und rief den Fuchs und sprach: »Lege dich neben mich,

ich muss ein wenig schlafen, und wenn was kommt, so wecke mich auf.« Da legte sich der Fuchs neben ihn, aber er war auch müde, rief den Hasen und sprach: »Lege dich neben mich, ich muss ein wenig schlafen, und wenn was kommt, so wecke mich auf.« Da setzte sich der Hase neben ihn, aber der arme Has war auch müde, und hatte niemand, den er zur Wache herbeirufen konnte, und schlief ein. Da schlief nun die Königstochter, der Jäger, der Löwe, der Bär, der Wolf, der Fuchs und der Has, und schliefen alle einen festen Schlaf.

Der Marschall aber, der von weitem hatte zuschauen sollen, als er den Drachen nicht mit der Jungfrau fortfliegen sah und alles auf dem Berg ruhig ward, nahm sich ein Herz und stieg hinauf. Da lag der Drache zerstückt und zerrissen auf der Erde und nicht weit davon die Königstochter und ein Jäger mit seinen Tieren, die waren alle in tiefen Schlaf versunken. Und weil er bös und gottlos war, so nahm er sein Schwert und hieb dem Jäger das Haupt ab und fasste die Jungfrau auf den Arm und trug sie den Berg hinab. Da erwachte sie und erschrak, aber der Marschall sprach: »Du bist in meinen Händen, du sollst sagen, dass ich es gewesen bin, der den Drachen getötet hat.« »Das kann ich nicht«, antwortete sie, »denn ein Jäger mit seinen Tieren hat's getan.« Da zog er sein Schwert und drohte sie zu töten, wo sie ihm nicht gehorchte, und zwang sie damit, dass sie es versprach. Darauf brachte er sie vor den König, der sich vor Freude nicht zu lassen wusste, als er sein liebes Kind wieder lebend erblickte, das er von dem Untier zerrissen glaubte. Der Marschall sprach zu ihm: »Ich habe den Drachen getötet und die Jungfrau und das ganze Reich befreit, darum fordere ich sie zur Gemahlin, so wie es zugesagt ist.« Der König fragte die Jungfrau: »Ist das wahr, was er spricht?« »Ach ja«, antwortete sie, »es muss wohl wahr sein; aber ich halte mir aus, dass erst über Jahr und Tag die Hochzeit gefeiert wird«, denn sie dachte, in der Zeit etwas von ihrem lieben Jäger zu hören.

Auf dem Drachenberg aber lagen noch die Tiere neben ihrem toten Herrn und schliefen, da kam eine große Hummel und setzte sich dem Hasen auf die Nase, aber der Hase wischte sie mit der Pfote ab und schlief weiter. Die Hummel kam zum zweiten Mal, aber der Hase wischte sie wieder ab und schlief fort. Da kam sie zum dritten Mal und stach ihm in die Nase, dass er aufwachte. Sobald der Hase wach war, weckte er den Fuchs und der Fuchs den Wolf und der Wolf den Bär und der Bär den Löwen. Und als der Löwe aufwachte und sah, dass die Jungfrau fort war und sein Herr tot, fing er an fürchterlich zu brüllen und rief: »Wer hat das vollbracht? Bär, warum hast du mich nicht geweckt?« Der Bär fragte den Wolf: »Warum hast du mich nicht geweckt?« Und der Wolf den Fuchs: »Warum hast du mich nicht geweckt?« Und der Fuchs den Hasen: »Warum hast du mich nicht geweckt?« Der arme Has wusste allein nichts zu antworten, und die Schuld blieb auf ihm hangen. Da wollten sie über ihn herfallen, aber er bat und sprach: »Bringt mich nicht um, ich will unsern Herrn wieder lebendig machen. Ich weiß einen Berg, da wächst eine Wurzel, wer die im Mund hat, der wird von aller Krankheit und allen Wunden geheilt. Aber der Berg liegt zweihundert Stunden von hier.« Sprach der Löwe: »In vierundzwanzig Stunden musst du hin- und hergelaufen sein und die Wurzel mitbringen.«

Da sprang der Hase fort, und in vierundzwanzig Stunden war er zurück und brachte die Wurzel mit. Der Löwe setzte dem Jäger den Kopf wieder an, und der Hase steckte ihm die Wurzel in den Mund, alsbald fügte sich alles wieder zusammen, und das Herz schlug, und das Leben kehrte zurück. Da erwachte der Jäger und erschrak, als er die Jungfrau nicht mehr sah, und dachte: »Sie ist wohl fortgegangen, während ich schlief, um mich los zu werden.« Der Löwe hatte in der großen Eile seinem Herrn den Kopf verkehrt aufgesetzt, der aber merkte es nicht bei seinen traurigen Gedanken an die Königstochter. Erst zu Mittag, als er etwas essen wollte, da sah er, dass ihm der Kopf nach dem Rücken zu stand, konnte es nicht begreifen und fragte die Tiere, was ihm im Schlaf widerfahren wäre. Da erzählte ihm der Löwe, dass sie auch alle aus Müdigkeit eingeschlafen wären, und beim Erwachen hätten sie ihn tot gefunden mit abgeschlagenem Haupte, der Hase hätte die Lebenswurzel geholt, er aber in der Eil den Kopf verkehrt gehalten; doch wollte er seinen Fehler wieder gutmachen. Dann riss er dem Jäger den Kopf wieder ab, drehte ihn herum, und der Hase heilte ihn mit der Wurzel fest.

Der Jäger aber war traurig, zog in der Welt herum und ließ seine Tiere vor den Leuten tanzen. Es trug sich zu, dass er gerade nach Verlauf eines Jahres wieder in dieselbe Stadt kam, wo er die Königstochter vom Drachen erlöst hatte, und die Stadt war diesmal ganz mit rotem Scharlach ausgehängt. Da sprach er zum Wirt: »Was will das sagen? Vorm Jahr war die Stadt mit schwarzem Flor überzogen, was soll heute der rote Scharlach?« Der Wirt antwortete: »Vorm Jahr sollte unsers Königs Tochter dem Drachen ausgeliefert werden, aber der Marschall hat mit ihm gekämpft und ihn getötet, und da soll morgen ihre Vermählung gefeiert werden; darum war die Stadt damals mit schwarzem Flor zur Trauer und ist heute mit rotem Scharlach zur Freude ausgehängt.«

Am andern Tag, wo die Hochzeit sein sollte, sprach der Jäger um Mittagszeit zum Wirt: »Glaubt Er wohl, Herr Wirt, dass ich heut Brot von des Königs Tisch hier bei Ihm essen will?« »Ja«, sprach der Wirt, »da wollt ich doch noch hundert Goldstücke dran setzen, dass das nicht wahr ist.« Der Jäger nahm die Wette an und setzte einen Beutel mit ebensoviel Goldstücken dagegen. Dann rief er den Hasen und sprach: »Geh hin, lieber Springer, und hol mir von dem Brot, das der König isst.« Nun war das Häslein das Geringste und konnte es keinem andern wieder auftragen, sondern musste sich selbst auf die Beine machen. »Ei«, dachte es, »wann ich so allein durch die Straßen springe, da werden die Metzgerhunde hinter mir drein sein.« Wie es dachte, so geschah es auch, und die Hunde kamen hinter ihm drein und wollten ihm sein gutes Fell flicken. Es sprang aber, hast du nicht gesehen! und flüchtete sich in ein Schilderhaus, ohne dass es der Soldat gewahr wurde. Da kamen die Hunde und wollten es heraushaben, aber der Soldat verstand keinen Spaß und schlug mit dem Kolben drein, dass sie schreiend und heulend fortliefen. Als der Hase merkte, dass die Luft rein war, sprang er zum Schloss hinein und gerade zur Königstochter, setzte sich unter ihren Stuhl und kratzte sie am Fuß. Da sagte sie: »Willst du fort!«, und meinte, es wäre ihr Hund. Der Hase kratzte zum zweiten Mal am Fuß, da sagte sie wieder: »Willst du fort!«, und meinte, es wäre ihr Hund. Aber der Hase ließ sich nicht irre machen und kratzte zum dritten Mal, da guckte sie herab und erkannte den Hasen an seinem Halsband. Nun nahm sie ihn auf ihren Schoß, trug ihn in ihre Kammer und sprach: »Lieber Hase, was willst du?« Antwortete er: »Mein Herr, der den Drachen getötet hat, ist hier und schickt mich, ich soll um ein Brot bitten, wie es der König isst.« Da war sie voll Freude und ließ den Bäcker kommen und befahl ihm, ein Brot zu bringen, wie es der König aß. Sprach das Häslein: »Aber der Bäcker muss mir's auch hintragen, damit mir die Metzgerhunde nichts tun.« Der Bäcker trug es ihm bis an die Türe der Wirtsstube, da stellte sich der Hase auf die Hinterbeine, nahm alsbald das Brot in die Vorderpfoten und brachte es seinem Herrn. Da sprach der Jäger: »Sieht Er, Herr Wirt, die hundert Goldstücke sind mein.«

Der Wirt wunderte sich, aber der Jäger sagte weiter: »Ja, Herr Wirt, das Brot hätt ich, nun will ich aber auch von des Königs Braten essen!« Der Wirt sagte: »Das möcht ich sehen«, aber wetten wollte er nicht mehr. Rief der Jäger den Fuchs und sprach: »Mein Füchslein, geh hin und hol mir Braten, wie ihn der König isst.« Der Rotfuchs wusste die Schliche besser, ging an den

Ecken und durch die Winkel, ohne dass ihn ein Hund sah, setzte sich unter der Königstochter Stuhl und kratzte an ihrem Fuß. Da sah sie herab und erkannte den Fuchs am Halsband, nahm ihn mit in ihre Kammer und sprach: »Lieber Fuchs, was willst du?« Antwortete er: »Mein Herr, der den Drachen getötet hat, ist hier und schickt mich, ich soll bitten um einen Braten, wie ihn der König isst.« Da ließ sie den Koch kommen, der musste einen Braten, wie ihn der König aß, anrichten und dem Fuchs bis an die Türe tragen; da nahm ihm der Fuchs die Schüssel ab, wedelte mit seinem Schwanz erst die Fliegen weg, die sich auf den Braten gesetzt hatten, und brachte ihn dann seinem Herrn. »Sieht Er, Herr Wirt«, sprach der Jäger, »Brot und Fleisch ist da, nun will ich auch Zugemüs essen, wie es der König isst.«

Da rief er den Wolf und sprach: »Lieber Wolf, geh hin und hol mir Zugemüs, wie's der König isst.« Da ging der Wolf geradezu ins Schloss, weil er sich vor niemand fürchtete, und als er in der Königstochter Zimmer kam, da zupfte er sie hinten am Kleid, dass sie sich umschauen musste. Sie erkannte ihn am Halsband, und nahm ihn mit in ihre Kammer und sprach: »Lieber Wolf, was willst du?« Antwortete er: »Mein Herr, der den Drachen getötet hat, ist hier, ich soll bitten um ein Zugemüs, wie es der König isst.« Da ließ sie den Koch kommen, der musste ein Zugemüs bereiten, wie es der König aß, und musste es dem Wolf bis vor die Türe tragen, da nahm ihm der Wolf die Schüssel ab und brachte sie seinem Herrn.

»Sieht Er, Herr Wirt«, sprach der Jäger, »nun hab ich Brot, Fleisch und Zugemüs, aber ich will auch Zuckerwerk essen, wie es der König isst.« Rief er den Bären und sprach: »Lieber Bär, du leckst doch gern etwas Süßes, geh hin und hol mir Zuckerwerk, wie's der König isst.« Da trabte der Bär nach dem Schlosse und ging ihm jedermann aus dem Wege; als er aber zu der Wache kam, hielt sie die Flinten vor und wollte ihn nicht ins königliche

Schloss lassen. Aber er hob sich in die Höhe und gab mit seinen Tatzen links und rechts ein paar Ohrfeigen, dass die ganze Wache zusammenfiel, und darauf ging er geradesweges zu der Königstochter, stellte sich hinter sie und brummte ein wenig. Da schaute sie rückwärts und erkannte den Bären und hieß ihn mitgehen in ihre Kammer und sprach: »Lieber Bär, was willst du?« Antwortete er: »Mein Herr, der den Drachen getötet hat, ist hier, ich soll bitten um Zuckerwerk, wie's der König isst.« Da ließ sie den Zuckerbäcker kommen, der musste Zuckerwerk backen, wie's der König aß, und dem Bären vor die Türe tragen; da leckte der Bär erst die Zuckererbsen auf, die heruntergerollt waren, dann stellte er sich aufrecht, nahm die Schüssel und brachte sie seinem Herrn.

»Sieht Er, Herr Wirt«, sprach der Jäger, »nun habe ich Brot, Fleisch, Zugemüs und Zuckerwerk, aber ich will auch Wein trinken, wie ihn der König trinkt.« Er rief seinen Löwen herbei und sprach: »Lieber Löwe, du trinkst dir doch gerne einen Rausch, geh und hol mir Wein, wie ihn der König trinkt.« Da schritt der Löwe über die Straße, und die Leute liefen vor ihm, und als er an die Wache kam, wollte sie den Weg sperren, aber er brüllte nur einmal, so sprang alles fort. Nun ging der Löwe vor das königliche Zimmer und klopfte mit seinem Schweif an die Türe. Da kam die Königstochter heraus und wäre fast über den Löwen erschrocken, aber sie erkannte ihn an dem goldenen Schloss von ihrem Halsbande und hieß ihn mit in ihre Kammer gehen und sprach: »Lieber Löwe, was willst du?« Antwortete er: »Mein Herr, der den Drachen getötet hat, ist hier, ich soll bitten um Wein, wie ihn der König trinkt.« Da ließ sie den Mundschenk kommen, der sollte dem Löwen Wein geben, wie ihn der König tränke. Sprach der Löwe: »Ich will mitgehen und sehen, dass ich den rechten kriege.« Da ging er mit dem Mundschenk hinab, und als sie unten hinkamen, wollte ihm dieser von dem gewöhnlichen Wein zapfen, wie ihn des Königs Diener tranken, aber der Löwe sprach: »Halt! Ich will den Wein erst versuchen«, zapfte sich ein halbes Maß und schluckte es auf einmal hinab. »Nein«, sagte er, »das ist nicht der rechte.« Der Mundschenk sah ihn schief an, ging aber und wollte ihm aus einem andern Fass geben, das für des Königs Marschall war. Sprach der Löwe: »Halt! Erst will ich den Wein versuchen«, zapfte sich ein halbes Maß und trank es, »der ist besser, aber noch nicht der rechte.« Da ward der Mundschenk bös und sprach: »Was so ein dummes Vieh vom Wein verstehen will!« Aber der Löwe gab ihm einen Schlag hinter die Ohren, dass er unsanft zur Erde fiel, und als er sich wieder aufgemacht hatte, führte er den Löwen ganz stillschweigens in einen kleinen, besonderen Keller, wo des Königs Wein lag, von dem sonst kein Mensch zu trinken bekam. Der Löwe zapfte sich erst ein halbes Maß und versuchte den Wein, dann sprach er: »Das kann von dem rechten sein«, und hieß den Mundschenk sechs Flaschen füllen. Nun stiegen sie herauf, wie der Löwe aber aus dem Keller ins Freie kam, schwankte er hin und her und war ein wenig trunken, und der Mundschenk musste ihm den Wein bis vor die Türe tragen, da nahm der Löwe den Henkelkorb in das Maul und brachte ihn seinem Herrn.

Sprach der Jäger: »Sieht Er, Herr Wirt, da hab ich Brot, Fleisch, Zugemüs, Zuckerwerk und Wein, wie es der König hat, nun will ich mit meinen Tieren Mahlzeit halten«, und setzte sich hin, aß und trank und gab dem Hasen, dem Fuchs, dem Wolf, dem Bär und dem Löwen auch davon zu essen und zu trinken, und war guter Dinge, denn er sah, dass ihn die Königstochter noch lieb hatte. Und als er Mahlzeit gehalten hatte, sprach er: »Herr Wirt, nun hab ich gegessen und getrunken, wie der König isst und trinkt, jetzt will ich an des Königs Hof gehen und die Königstochter heiraten.« Fragte der Wirt: »Wie soll das zugehen, da sie schon einen Bräutigam hat und heute die Vermählung gefeiert wird?« Da zog der Jäger das Taschentuch heraus, das ihm die Königstochter auf dem Drachenberg gegeben hatte und worin die sieben Zungen des Untiers eingewickelt waren, und sprach: »Dazu soll mir helfen, was ich da in der Hand halte.« Da sah der Wirt das Tuch an und sprach: »Wenn ich alles glaube, so glaube ich das nicht, und will wohl Haus und Hof dran setzen.« Der Jäger aber nahm einen Beutel mit tausend Goldstücken, stellte ihn auf den Tisch und sagte: »Das setze ich dagegen.«

Nun sprach der König an der königlichen Tafel zu seiner Tochter: »Was haben die wilden Tiere alle gewollt, die zu dir gekommen und in mein Schloss ein- und ausgegangen sind?« Da antwortete sie: »Ich darf's nicht sagen, aber schickt hin und lasst den Herrn dieser Tiere holen, so werdet Ihr wohl tun.« Der König schickte einen Diener ins Wirtshaus und ließ den fremden Mann einladen, und der Diener kam gerade, wie der Jäger mit dem Wirt gewettet hatte. Da sprach er: »Sieht Er, Herr Wirt, da schickt der König einen Diener und lässt mich einladen, aber ich gehe so noch nicht.« Und zu dem Diener sagte er: »Ich lasse den Herrn König bitten, dass er mir königliche Kleider schickt, einen Wagen mit sechs Pferden und Diener, die mir aufwarten.« Als der König die Antwort hörte, sprach er zu seiner Tochter: »Was soll ich tun?« Sagte sie: »Lasst ihn holen, wie er's verlangt, so werdet Ihr wohl tun.« Da schickte der König königliche Kleider, einen Wagen mit sechs Pferden und Diener, die ihm aufwarten sollten. Als der Jäger sie kommen sah, sprach er: »Sieht Er, Herr Wirt, nun werde ich abgeholt, wie ich es verlangt habe«, und zog die königlichen Kleider an, nahm das Tuch mit den Drachenzungen und fuhr zum König. Als ihn der König kommen sah, sprach er zu seiner Tochter: »Wie soll ich ihn empfangen?« Antwortete sie: »Geht ihm entgegen, so werdet Ihr wohl tun.« Da ging ihm der König entgegen und führte ihn herauf, und seine Tiere folgten ihm nach.

Der König wies ihm einen Platz an neben sich und seiner Tochter, der Marschall saß auf der andern Seite, als Bräutigam, aber der kannte ihn nicht mehr. Nun wurden gerade die sieben

Häupter des Drachen zur Schau aufgetragen, und der König sprach: »Die sieben Häupter hat der Marschall dem Drachen abgeschlagen, darum geb ich ihm heute meine Tochter zur Gemahlin.« Da stand der Jäger auf, öffnete die sieben Rachen und sprach: »Wo sind die sieben Zungen des Drachen?« Da erschrak der Marschall, ward bleich und wusste nicht, was er antworten sollte, endlich sagte er in der Angst: »Drachen haben keine Zungen.« Sprach der Jäger: »Die Lügner sollten keine haben, aber die Drachenzungen sind das Wahrzeichen des Siegers«, und wickelte das Tuch auf, da lagen sie alle siebene darin, und dann steckte er jede Zunge in den Rachen, in den sie gehörte, und sie passte genau. Darauf nahm er das Tuch, in welches der Name der Königstochter gestickt war, und zeigte es der Jungfrau und fragte sie, wem sie es gegeben hätte, da antwortete sie: »Dem, der den Drachen getötet hat.« Und dann rief er sein Getier, nahm jedem das Halsband und dem Löwen das goldene Schloss ab und zeigte es der Jungfrau und fragte, wem es angehörte. Antwortete sie: »Das Halsband und das goldene Schloss waren mein, ich habe es unter die Tiere verteilt, die den Drachen besiegen halfen.« Da sprach der Jäger: »Als ich müde von dem Kampf geruht und geschlafen habe, da ist der Marschall gekommen und hat mir den Kopf abgehauen. Dann hat er die Königstochter fortgetragen und vorgegeben, er sei es gewesen, der den Drachen getötet habe; und dass er gelogen hat, beweise ich mit den Zungen, dem Tuch und dem Halsband.« Und dann erzählte er, wie ihn seine Tiere durch eine wunderbare Wurzel geheilt hätten und dass er ein Jahr lang mit ihnen herumgezogen und endlich wieder hierher gekommen wäre, wo er den Betrug des Marschalls durch die Erzählung des Wirtes erfahren hätte. Da fragte der König seine Tochter: »Ist es wahr, dass dieser den Drachen getötet hat?« Da antwortete sie: »Ja, es ist wahr; jetzt darf ich die Schandtat des Marschalls offenbaren, weil sie ohne mein Zutun an den Tag gekommen ist, denn er hat mir das Versprechen zu schweigen abgezwungen. Darum aber habe ich mir ausgehalten, dass erst in Jahr und Tag die Hochzeit sollte gefeiert werden.«

Da ließ der König zwölf Ratsherren rufen, die sollten über den Marschall Urteil sprechen, und die urteilten, dass er müsste von vier Ochsen zerrissen werden. Also ward der Marschall gerichtet, der König aber übergab seine Tochter dem Jäger und ernannte ihn zu seinem Statthalter im ganzen Reich. Die Hochzeit ward mit großen Freuden gefeiert, und der junge König ließ seinen Vater und Pflegevater holen und überhäufte sie mit Schätzen. Den Wirt vergaß er auch nicht und ließ ihn kommen und sprach zu ihm: »Sieht Er, Herr Wirt, die Königstochter habe ich geheiratet, und sein Haus und Hof sind mein.« Sprach der Wirt: »Ja, das wäre nach den Rechten.« Der junge König aber sagte: »Es soll nach Gnaden gehen: Haus und Hof soll Er behalten, und die tausend Goldstücke schenke ich Ihm noch dazu.«

Nun waren der junge König und die junge Königin guter Dinge und lebten vergnügt zusammen. Er zog oft hinaus auf die Jagd, weil das seine Freude war, und die treuen Tiere mussten ihn begleiten. Es lag aber in der Nähe ein Wald, von dem es hieß, er wäre nicht geheuer, und wäre einer erst darin, so käme er nicht leicht wieder heraus. Der junge König hatte aber große Lust, darin zu jagen, und ließ dem alten König keine Ruhe, bis er es ihm erlaubte. Nun ritt er mit einer großen Begleitung aus, und als er zu dem Wald kam, sah er eine schneeweiße Hirschkuh darin und sprach zu seinen Leuten: »Haltet hier, bis ich zurückkomme, ich will das schöne Wild jagen«, und ritt ihm nach in den Wald hinein, und nur seine Tiere folgten ihm. Die Leute hielten und warteten bis Abend, aber er kam nicht wieder; da ritten sie heim und erzählten der jungen Königin: »Der junge König ist im Zauberwald einer weißen Hirschkuh nachgejagt und ist nicht wiedergekommen.« Da war sie in großer Besorgnis um ihn.

Er war aber dem schönen Wild immer nachgeritten und konnte es niemals einholen; wenn er meinte, es wäre schussrecht, so sah er es gleich wieder in weiter Ferne dahinspringen, und endlich verschwand es ganz. Nun merkte er, dass er tief in den Wald hineingeraten war, nahm sein Horn und blies, aber er bekam keine Antwort, denn seine Leute konnten's nicht hören. Und da auch die Nacht einbrach, sah er, dass er diesen Tag nicht heimkommen könnte, stieg ab, machte sich bei einem Baum ein Feuer an und wollte dabei übernachten. Als er bei dem Feuer saß und seine Tiere sich auch neben ihn gelegt hatten, deuchte ihn, als hörte er eine menschliche Stimme; er schaute umher, konnte aber nichts bemerken. Bald darauf hörte er wieder ein Ächzen wie von oben her, da blickte er in die Höhe und sah ein altes Weib auf dem Baum sitzen, das jammerte in einem fort: »Hu, hu, hu, was mich friert!« Sprach er: »Steig herab und wärme dich, wenn dich friert.« Sie aber sagte: »Nein, deine Tiere beißen mich.« Antwortete er: »Sie tun dir nichts, altes Mütterchen, komm nur herunter.« Sie war aber eine Hexe und sprach: »Ich will dir eine Rute von dem Baum herabwerfen, wenn du sie damit auf den Rücken schlägst, tun sie mir nichts.« Da warf sie ihm ein Rütlein herab, und er schlug sie damit, alsbald lagen sie still und waren in Stein verwandelt. Und als die Hexe vor den Tieren sicher war, sprang sie herunter und rührte auch ihn mit einer Rute an und verwandelte ihn in Stein. Darauf lachte sie und schleppte ihn und die Tiere in einen Graben, wo schon mehr solcher Steine lagen.

Als aber der junge König gar nicht wiederkam, ward die Angst und Sorge der Königin immer größer. Nun trug sich zu, dass gerade in dieser Zeit der andere Bruder, der bei der Trennung gen Osten gewandelt war, in das Königreich kam. Er hatte einen Dienst gesucht und keinen gefunden, war dann herumgezogen hin und her, und hatte seine Tiere tanzen lassen. Da fiel ihm ein, er wollte einmal nach dem Messer sehen, das sie bei ihrer Trennung in einen Baumstamm gestoßen hatten, um zu erfahren, wie es seinem Bruder ginge. Wie er dahin kam, war seines Bruders Seite halb verrostet, und halb war sie noch blank. Da erschrak er und dachte: »Meinem Bruder muss ein großes Unglück zugestoßen sein, doch kann ich ihn vielleicht noch retten, denn die Hälfte des Messers ist noch blank.« Er zog mit seinen Tieren gen Westen, und als er in das Stadttor kam, trat ihm die Wache entgegen und fragte, ob sie ihn bei seiner Gemahlin melden sollte: Die junge Königin wäre schon seit ein paar Tagen in großer Angst über sein Ausbleiben und fürchtete, er wäre im Zauberwald umgekommen. Die Wache nämlich glaubte nicht anders, als er wäre der junge König selbst, so ähnlich sah er ihm, und hatte auch die wilden Tiere hinter sich laufen. Da merkte er, dass von seinem Bruder die Rede war, und dachte: »Es ist das beste, ich gebe mich für ihn aus, so kann ich ihn wohl leichter erretten.« Also ließ er sich von der Wache ins Schloss begleiten und ward mit großen Freuden empfangen. Die junge Königin meinte nicht anders, als es wäre ihr Gemahl, und fragte ihn, warum er so lange ausgeblieben wäre. Er antwortete: »Ich hatte mich in einem Walde verirrt und konnte mich nicht eher wieder herausfinden.« Abends ward er in das königliche Bette gebracht, aber er legte ein zweischneidiges Schwert zwischen sich und die junge Königin; sie wusste nicht, was das heißen sollte, getraute aber nicht zu fragen.

Da blieb er ein paar Tage und erforschte derweil alles, wie es mit dem Zauberwald beschaffen war, endlich sprach er: »Ich muss noch einmal dort jagen.« Der König und die junge Königin wollten es ihm ausreden, aber er bestand darauf und zog mit großer Begleitung hinaus. Als er in den Wald gekommen war, erging es ihm wie seinem Bruder, er sah eine weiße Hirschkuh und sprach zu seinen Leuten: »Bleibt hier und wartet, bis ich wiederkomme, ich will das schöne Wild jagen«, ritt in den Wald hinein, und seine Tiere liefen ihm nach.

Aber er konnte die Hirschkuh nicht einholen und geriet so tief in den Wald, dass er darin übernachten musste. Und als er ein Feuer angemacht hatte, hörte er über sich ächzen: »Hu, hu, hu, wie mich friert!« Da schaute er hinauf, und es saß dieselbe Hexe oben im Baum. Sprach er: »Wenn dich friert, so komm herab, altes Mütterchen, und wärme dich.« Antwortete sie: »Nein, deine Tiere beißen mich.« Er aber sprach: »Sie tun dir nichts.« Da rief sie: »Ich will dir eine Rute hinabwerfen, wenn du sie damit schlägst, so tun sie mir nichts.« Wie der Jäger das hörte, traute er der Alten nicht und sprach: »Meine Tiere schlag ich nicht, komm du herunter, oder ich hol dich.« Da rief sie: »Was willst du wohl? Du tust mir noch nichts.« Er aber antwortete: »Kommst du nicht, so schieß ich dich herunter.« Sprach sie: »Schieß nur zu, vor deinen Kugeln fürchte ich mich nicht.« Da legte er an und schoss nach ihr, aber die Hexe war fest gegen alle Bleikugeln, lachte, dass es gellte, und rief: »Du sollst mich noch nicht treffen.« Der Jäger wusste Bescheid, riss sich drei silberne Knöpfe vom Rock und lud sie in die Büchse, denn dagegen war ihre Kunst umsonst, und als er losdrückte, stürzte sie gleich mit Geschrei herab. Da stellte er den Fuß auf sie und sprach: »Alte Hexe, wenn du nicht gleich gestehst, wo mein Bruder ist, so pack ich dich auf mit beiden Händen und werfe dich ins Feuer.« Sie war in großer Angst, bat um Gnade und sagte: »Er liegt mit seinen Tieren versteinert in einem Graben.« Da zwang er sie, mit hinzugehen, drohte ihr und sprach: »Alte Meerkatze, jetzt machst du meinen Bruder und alle Geschöpfe, die hier liegen, lebendig, oder du kommst ins Feuer.« Sie nahm eine Rute und rührte die Steine an, da wurde sein Bruder mit den Tieren wieder lebendig, und viele andere, Kaufleute, Handwerker, Hirten, standen auf, dankten für ihre Befreiung und zogen heim. Die Zwillingsbrüder aber, als sie sich wiedersahen, küssten sich und freuten sich von Herzen. Dann griffen sie die Hexe, banden sie und legten sie ins Feuer, und als sie verbrannt war, da tat sich der Wald von selbst auf, und war licht und hell, und man konnte das königliche Schloss auf drei Stunden Wegs sehen.

Nun gingen die zwei Brüder zusammen nach Haus und erzählten einander auf dem Weg ihre Schicksale. Und als der jüngste sagte, er wäre an des Königs statt Herr im ganzen Lande, sprach der andere: »Das hab ich wohl gemerkt, denn als ich in die Stadt kam und für dich angesehen ward, da geschah mir alle königliche Ehre: Die junge Königin hielt mich für ihren Gemahl, und ich musste an ihrer Seite essen und in deinem Bett schlafen.« Wie das der andere hörte, ward er so eifersüchtig und zornig, dass er sein Schwert zog und seinem Bruder den Kopf abschlug. Als dieser aber tot dalag und er sein rotes Blut fließen sah, reute es ihn gewaltig: »Mein Bruder hat mich erlöst«, rief er aus, »und ich habe ihn dafür getötet!« Und jammerte laut. Da kam sein Hase und erbot sich, von der Lebenswurzel zu holen, sprang fort und brachte sie noch zu rechter Zeit: Und der Tote ward wieder ins Leben gebracht und merkte gar nichts von der Wunde.

Darauf zogen sie weiter, und der jüngste sprach: »Du siehst aus wie ich, hast königliche Kleider an wie ich, und die Tiere folgen dir nach wie mir: Wir wollen zu den entgegengesetzten Toren eingehen und von zwei Seiten zugleich beim alten König anlangen.« Also trennten sie sich, und bei dem alten König kam zu gleicher Zeit die Wache von dem einen und dem andern Tore und meldete, der junge König mit den Tieren wäre von der Jagd angelangt. Sprach der König: »Es ist nicht möglich, die Tore liegen eine Stunde weit auseinander.« Indem aber kamen von zwei Seiten die beiden Brüder in den Schlosshof hinein und stiegen beide herauf. Da sprach der König zu seiner Tochter: »Sag an, welcher ist dein Gemahl? Es sieht einer aus wie der andere, ich kann's nicht wissen.« Sie war da in großer Angst und konnte es nicht sagen, endlich fiel ihr das Halsband ein, das sie den Tieren gegeben hatte, suchte und fand an dem einen Löwen ihr goldenes

Schlösschen; da rief sie vergnügt: »Der, dem dieser Löwe nach-
folgt, der ist mein rechter Gemahl.« Da lachte der junge König
und sagte: »Ja, das ist der rechte«, und sie setzten sich zusammen
zu Tisch, aßen und tranken und waren fröhlich. Abends, als der
junge König zu Bett ging, sprach seine Frau: »Warum hast du
die vorigen Nächte immer ein zweischneidiges Schwert in unser
Bett gelegt, ich habe geglaubt, du wolltest mich totschlagen.« Da
erkannte er, wie treu sein Bruder gewesen war.

Zu diesen beiden Märchen
Nach den »Zwillingsschwestern« folgt ein männliches Zwillings-
paar. »Die zwei Brüder« waren in jüngeren Jahren mein Lieblingsmärchen. Was daran gefiel der Schülerin und Leseratte? Wohl das
Besondere: In der reich auserzählten Form werden den Helden
zweimal fünf weitere Geschwisterpaare zugeordnet, und diese
»wilden« Tiere, zugleich sehr menschlich gezeichnete Helfer,
spielen witzige Vermittlerrollen. Außerdem ist dieses Zaubermärchen das längste in Grimms Sammlung. Mit seinem »Gewicht«
mag es die vorliegende Auswahl beschließen.

Wie bescheiden nimmt sich dagegen die handschriftliche Urfassung aus! Sie ist ganz knapp gehalten, beinahe trocken, im Stil
Grimm'scher Sagen. Das Märchen von den Wassersprung-Zwil-
lingen, das die Pfarrerstochter Friederike Mannel 1808 beigetra-
gen hatte, ist orthographisch verbessert wiedergegeben, somit für
uns Heutige besser lesbar. Hingegen habe ich grammatikalisch
nichts verändert; also kommt Johannes »bei eine alte Frau«.

In der Urfassung hören wir von Quellwasser und der magischen
Empfängnis der Zwillinge. Das ist der übliche Einstieg in Märchen
des alten, weltweit verbreiteten Typs »Die zwei Brüder«. Die Tierhelfer erscheinen hier bunt zusammengewürfelt: das Pferd als Reittier, der »treue« Hund, der verschonte Bär und der Hase, letzterer
noch ohne Funktion. Trotz seiner Kürze enthält der Text schon alle,

für die Handlung wichtigen Motive: das Messer im Baum als Lebenszeichen, die Errettung der Prinzessin dank Drachenkampf, die Wiederbelebung des Drachenkämpfers, Zungen als Wahrzeichen seines Sieges, die Alte im Zauberwald mit Versteinerung des jungen Ehemanns, Erlösung durch den Zwillingsbruder und die Doppelgänger-Frage: Wer von beiden ist der Gemahl der Prinzessin?[45]

Diese frühe Version von Friederike Mannel haben die Grimms als »vierte hessische Erzählung« in die Anmerkungen zu ihren Märchen verwiesen und den heute gültigen Text aus verschiedenen Fassungen von weiteren Gewährsleuten, speziell auch von der Familie von Haxthausen, zusammengebaut. Wieder verdanken wir Wilhelm die gründliche Bearbeitung und Verbesserung des Märchens, ja die Verfeinerung zu einem literarischen Meisterwerk. Humorvoll und höchst unterhaltsam wirken die neuen, behaglich erzählten Episoden, etwa wenn der Jäger sich über seine Tiere beim Königshof bemerkbar macht. Man vergleiche das einmal in den beiden Fassungen.

Weniger gemütlich geht es in diesem Märchen beim Kämpfen zu. Seit alters gehört zu jeder Heldenbiographie mindestens ein Drachenkampf. Der Drache ist, etymologisch aus dem Griechischen erklärt, »der scharf oder furchtbar Blickende«. Er verlangt alle Jahre ein Menschenopfer, vorzugsweise eine reine Jungfrau. Ein Märchendrache darf gern sieben Köpfe haben, dazu Feuerflammen speien. Wo immer er auftritt, ist er (mit Ausnahme der asiatischen Überlieferung) ein die ganze Gemeinschaft bedrohendes Ungeheuer und der größte, stärkste und gefährlichste Widersacher des Helden.[46] Folglich ist ein Drachentöter der männliche Märchenheld par excellence.

---

45 Barbara Gobrecht: Zweibrüdermärchen. In: Helge Gerndt/Kristin Wardetzky: Die Kunst des Erzählens. Festschrift für Walter Scherf. Potsdam 2002, S. 227-241.
46 Enzyklopädie des Märchens. Band 3: Drache, Drachenkampf, Drachentöter (Lutz Röhrich).

Zwar hat sich Johannes Wassersprung beziehungsweise der »Jüngste« die Königstochter erkämpft, doch für eine Ehe scheint er noch nicht reif zu sein. Warum sonst hat er »große Lust«, eine schneeweiße Hirschkuh zu verfolgen, das »schöne Wild« zu jagen? Tief im Wald gerät er in den dämonischen Machtbereich eines Weibes, dem er nicht gewachsen ist. In »Die zwei Brüder« tritt dieses – typisch Grimm – als alte Frau auf, seit 1819 – typisch Wilhelm Grimm – ausdrücklich als Hexe. Märchenhexen können Menschen versteinern, übrigens ausschließlich Männer. Wer auch immer die vermeintlich hilflose Frau ist: Der hoffnungslos Arglose, der bisher nur den offenen Kampf kennengelernt hat, fällt auf sie rein, ja unbedacht schlägt er seine fünf treuen Tierhelfer und erniedrigt sie so, sie, die ihm Kraft gaben. Dass der böse Zauber zuerst seine Tiere trifft, interpretieren Jungianer als Lähmung des Instinkts, die Versteinerung des Helden als seelische Verhärtung.

Aber die Erzähler von Zwillingsbrüdermärchen haben ja vorgesorgt – und wir Hörer teilen gern ihren Sympathieglauben. Am Scheideweg, wo sich die beiden Helden brüderliche Liebe bis in den Tod versprochen haben, dient ein blankes beziehungsweise rostiges Messer im Baum als Lebenszeichen, als magische Verbindung zwischen zwei räumlich getrennten Menschen. Wie treu der Ältere wirklich ist, zeigt das Keuschheitssymbol: sein Schwert im Ehebett. Er legt es zwischen sich und die Frau, die seine Schwägerin ist, sich aber für seine Partnerin hält. Das Schwertmotiv, meinen manche, sei eingesetzt worden, weil das »vornehme« europäische Märchen keinen Ehebruch dulde. Andere bezeichnen dieses Keuschheitssymbol als uralt. Tatsächlich wies Jacob Grimm in seinem Werk »Deutsche Rechtsalterthümer« die historische Sitte nach, dass ein Mann sein Schwert zwischen sich und die Frau legte, wenn er sie nicht berühren wollte.

Trotzdem schlägt die Dankbarkeit des Erlösten in plötzliche Eifersucht um – und der Ehemann seinem Bruder den Kopf ab.

Bekanntlich gilt die Innenwelt der Märchenhelden als »flach«, mangelt es ihnen an Emotionalität und innerer Bewegung. Doch eine der seltenen Ausnahmen bildet die Eifersucht; sie gilt als eines der stärksten Motive menschlichen Handelns überhaupt.[47] Im Märchen drücken Handlungen Gefühle aus, zeigen gewissermaßen die Oberfläche – und liefern bildlich die Tiefe mit.

Geradezu modern wirkt das Doppelgänger-Motiv, das sich in den gleichen Tierpaaren spiegelt. Nachdem beide Brüder im selben königlichen Bett geschlafen haben, beide ihr Leben lassen mussten und vom anderen wiedererweckt wurden, treten sie »von zwei Seiten zugleich« vor die Königstochter. Versteckt sich im Bild der einander vollkommen ähnlichen Zwillinge das Problem einer Ich-Spaltung? Es gibt in Grimm'scher Lesart nur eine Partnerin. Wer gehört zu ihr? Das Wassersprung-Märchen zeigt schön die Gefühlssicherheit der Prinzessin. Die Fassungen ab 1819 berichten von der Klugheit der Königstochter, die sich auf ihre Zeichen besinnt: das Korallen-Halsband mit dem goldenen Schloss, das sie den Tieren des Drachentöters geschenkt hat.

Ob todernst oder heiter: Doppelgänger-Geschichten und Identitätsfragen kennen wir aus der Literatur, von der Antike bis heute, bei Erich Kästner (»Das doppelte Lottchen«) auch weiblich verwickelt. Mit der magischen Geburt künftiger Helden, dem gefährlichen Drachenkampf, beunruhigenden Begegnungen mit »hexischer« Weiblichkeit, mit tödlicher Eifersucht und bedingungsloser Treue sind Grimms Beiträge zum Thema »Zwillinge« aber klar Männermärchen. Und was für welche!

---

47 Enzyklopädie des Märchens. Band 3: Eifersucht (Michael Meraklis).

Die Brüder Grimm und
ihre »Kinder- und Hausmärchen«

Vor rund 200 Jahren, im Oktober 1810, schickten die Brüder Grimm die nachmalig so kostbaren Originalniederschriften ihrer Märchen an Clemens Brentano nach Berlin. Der erhielt sie am 1. November des gleichen Jahres, verwendete sie aber nicht für eigene Märchenprojekte und sandte sie auch nicht, wie ausdrücklich gewünscht, zurück. Ihre eigenen, vorsorglich gemachten Abschriften haben die Brüder Grimm nach der Auswertung für den Druck verbrannt. Die Originale hingegen blieben in Brentanos Besitz und kamen nach seinem Tod in das Trappistenkloster Ölenberg im Elsass. Dort wurde sehr viel später, nach dem Ersten Weltkrieg, dieser Grundstein für Grimms epochale Märchensammlung entdeckt: die handschriftliche Urfassung von 1810, die sogenannte »Ölenberger Handschrift«.

Die Grimms waren eine große Familie, aber nur die zwei ältesten der fünf Knaben, die das Säuglingsalter überlebten, stehen für das Markenzeichen »Brüder Grimm«. Vor etwa 225 Jahren, im Januar 1785, erblickte Jacob Grimm, der ältere, das Licht der Welt. Vor gut 150 Jahren, im Dezember 1859, starb der um ein Jahr jüngere dieses später berühmten Männerpaares: Wilhelm, der lebenslängliche Betreuer der noch viel berühmteren »Kinder- und Hausmärchen«.

Die Brüder Jacob (1785-1863) und Wilhelm (1786-1859) Grimm waren deutsche Sprach- und Literaturwissenschaftler und haben nachhaltig nicht nur als Väter der bekanntesten und folgenreichsten Märchensammlung der Weltliteratur gewirkt. Die Mit- und Nachwelt verdankt ihnen unter anderem auch die »Deutschen Sagen«, wichtige Werke zur germanischen Rechts-

und Religionsgeschichte sowie das epochemachende »Deutsche Wörterbuch«. Ihre Märchensammlung bedachten die Grimms aber nicht mit dem Zusatz »deutsch«. Dass Märchen internationales Erzählgut sind, war ihnen wohl bewusst.

Angeregt vom romantischen Dichter Clemens Brentano, sammelten die Brüder schon als 20-Jährige alles, was nach lebendiger mündlicher Tradition aussah, unter dem noch ebenso weit wie undifferenziert gefassten Begriff »Sage«: Volkslieder, Sagen und Märchen. Als Gattungsmuster für letztere dienten ihnen vor allem zwei plattdeutsche Märchen des Malers und Schriftstellers Philipp Otto Runge: »Von dem Machandelboom« und »Von dem Fischer un syner Fru«, die sich als »Kinder- und Hausmärchen« (KHM) Nr. 47 beziehungsweise 19 in ihrer Sammlung finden.

Seit dem frühen Tod ihres Vaters waren Jacob und Wilhelm immer knapp bei Kasse, zugleich aber extreme Bücherwürmer. Jedes bisschen übriges Geld investierten die beiden jungen Forscher in Bücher. Sie schrieben zwar fleißig Briefe, lebten aber sehr zurückgezogen. Entgegen dem landläufigen Bild, sie seien sammelnd über Land gereist, steht heute fest, dass sie mündliche Überlieferungen fast ausschließlich von gleichaltrigen, weiblichen Gewährspersonen aus dem gehobenen Kasseler Stadtbürgertum erhielten – darunter von Wilhelms späterer Frau Dortchen Wild.

Als Ausnahmen unter ihren frühen Gewährsleuten gelten die Lieblingserzählerin der Brüder, die berühmte »Viehmännin« aus Niederzwehren, und der pensionierte Dragonerwachtmeister Krause aus Hoof bei Kassel. Von der ersteren hörten sie relativ traurige Märchen wie zum Beispiel »Die Gänsemagd« und »Die Nelke«, vom Wachtmeister vornehmlich Geschichten mit Soldaten als Helden.

Zudem schöpften die belesenen Brüder Grimm für ihre Märchensammlung aus älterer deutscher Literatur, zum Beispiel von

Hans Sachs und Grimmelshausen, später auch aus neueren literarischen Quellen. Seit 1819, von der zweiten Auflage an, war für die sprachliche Gestaltung der »Kinder- und Hausmärchen« (und das heißt für die poetische Überarbeitung und zunehmende Kindertümlichkeit) allein Wilhelm Grimm verantwortlich. Auch die sogenannte »Kleine Ausgabe« von 1825 – eine Auswahl von 50 Märchentexten und ein nachhaltig populäres, eigentliches Kinderbuch – ist allein sein Werk.

Das muss einmal deutlich gesagt werden, denn für die Mit- und die Nachwelt stand und steht Wilhelm Grimm im Schatten seines nur wenig älteren Bruders Jacob. Große Reisen unternahm allein dieser, Auszeichnungen wie den Orden »Pour le mérite« erhielt er. Aber in einem Haushalt gelebt, gemeinsam gearbeitet, in Freud und Leid zusammengehalten haben die Brüder zeitlebens, bis zu Wilhelms Tod.

Wilhelm war seit Ende seiner Schulzeit chronisch krank. Während des Studiums in Marburg – beide Bruder studierten dort Jura – bereitete ihm nur schon das Spazierengehen Mühe. Wilhelms rätselhafte Herzerkrankung wurde inzwischen als »Paroxysmale Tachykardie« erkannt, als anfallweises Herzjagen der ernsten Art. Dennoch war er der geselligere Student, später nur er verheiratet und mehrfacher Vater, war auch in Berlin bei den Studenten der beliebtere. Wenn man Jacob, das »Arbeitstier«, als Vollblut-Wissenschaftler bezeichnen mag, so kann der kränkliche Wilhelm als der musische Bruder gelten, der langjährige Freundschaften pflegte, persönliche Briefe schrieb, gern vorlas, dichtete und zeichnete.

Die selbst gewählte Formulierung »Brüder Grimm« sollte nicht bekannt, sondern vertraut machen. Sie wurde zum Begriff – obwohl nur bei verhältnismäßig wenigen ihrer unzähligen Publikationen verwendet, darunter allerdings die später so erfolgreichen »Kinder- und Hausmärchen«, die »Deutschen Sagen«, die »Irischen Elfenmärchen. Vor allem die Nachwelt feierte die häusliche Gemeinsamkeit des Brüderpaars und übersieht bis heute mögliche Unterschiede. So waren für Jacob Grimm Übersetzungen grundsätzlich Verfälschungen – weshalb die beiden ihrer Ausgabe der altnordischen Edda zwei Übertragungen beigaben, Jacob eine wissenschaftlich strenge und Wilhelm eine freie. Wilhelm (so schrieb Jacob) setzte mit »weicherer Feder« an.

Wilhelm hörte auch auf das Publikum und dessen Wünsche nach einem Vorlesebuch für Kinder, passte die Märchen dem Geschmack der Zeit und ihren sittlichen Normen an. Er merzte anstößige Stellen aus, etwa im Fall der unehelich schwangeren Heldin im »Rapunzel«-Märchen. Oder er schrieb um und verkindlichte den Erzählstil. Jacob wollte die notierten Texte so unbearbeitet wie möglich präsentieren, doch hat sich Wilhelm mit seinem unverkennbaren Märchenton durchgesetzt. Er hat rekonstruierend einen einheitlichen Märchenstil gesucht und dabei unversehens etwas Neues geschaffen: eine neue Literaturgattung, das Buchmärchen alias die »Gattung Grimm«, anzusiedeln zwischen dem Volksmärchen mündlicher Herkunft und dem Kunstmärchen. Am wenigsten änderte er an mundartlichen Texten, denn Dialekt dünkte die Brüder ein besonders sicheres Zeichen für eine möglichst wort-, ja lautgetreue Wiedergabe mündlichen Erzählens.

Die Textgestalt der Märchen und viele sprichwörtliche Redensarten erscheinen uns heute selbstverständlich und sind doch Meisterwerke Wilhelm-Grimm'scher Sprachkunst, etwa der Schwank »Die kluge Gretel« (KHM 77), in dem jene muntere Köchin mit den roten Schuhen »aus Fröhlichkeit einen Schluck Wein« trinkt und vom Besten probiert, bis sie satt ist, mit der Begründung: »Die Köchin muss wissen, wie's Essen schmeckt.«

Über 50 Jahre lang widmete Wilhelm sich mit steter Hingabe den »Kinder- und Hausmärchen«, die er mit »Der Froschkönig«

(KHM 1) beginnen und mit Nr. 200, der Vexiergeschichte »Der goldene Schlüssel«, enden ließ. Die Erstausgabe hatte 155 Texte umfasst, die siebte (große) Ausgabe letzter Hand 210. Wer sich die Mühe macht, die Vorher- und die Nachher-Modelle miteinander zu vergleichen, wird viele Überraschungen erleben. Die vorliegende Auswahlsammlung mag dazu anregen.

Wir müssen nach heutiger Kenntnis davon ausgehen, dass die originale mündliche Tradition, der von den Märchenbrüdern so oft beschworene schöpferische »Volksgeist«, mehrere Stationen eines Filterprozesses oder auch einer teils bewussten, teils unbewussten Zensur durchlaufen hat. Zensiert wurde zum Beispiel im Fall von »Der gestiefelte Kater«. Jeanette Hassenpflug, eine wichtige Beiträgerin der Grimm'schen Sammlung – das junge Mädchen stammte mütterlicherseits aus einer Hugenottenfamilie –, hatte das Märchen im Herbst 1812 erzählt. Wegen zu deutlicher Abhängigkeit von Perraults »Chat botté« verschwand der Text bereits 1819 wieder aus den »Kinder- und Hausmärchen«.

Als Ersatz für »Der gestiefelte Kater« kam ein Schweizer Zaubermärchen in die zweite Auflage: »Die drei Sprachen« (KHM 33), beigesteuert von einem Notar aus Visp im Oberwallis. Dass es nicht irgendwo im Märchenland, an einem Königshof spielt, sondern eine Erzählung aus einem zutiefst demokratischen, aus einem eigentlichen Sagenland ist, merkt man gleich beim ersten Satz: »In der Schweiz lebte einmal ein alter Graf.«

Wir kennen insgesamt sieben Schweizer Beiträge zur Grimm'schen Sammlung, darunter mehrere Zaubermärchen und das Kettenmärchen »Das Birnli will nit fallen«, das die Brüder (wohl wegen der gereimten Form) schon in die Zweitauflage 1819 nicht mehr übernommen haben. 50 Jahre später druckte der Aarauer Kantonsschullehrer Otto Sutermeister, der »Schweizer Grimm«, in seinem Büchlein »Kinder- und Hausmärchen aus der Schweiz« die sechs in Grimms Sammlung verbliebenen

Beiträge mehr oder weniger getreu nach. So verhalf er diesen zu spannendem Weiterleben in der Schweiz; das gilt besonders für die Zaubermärchen. In punkto Zaubermärchen ist die Deutschschweiz ohnehin Grimm-Land. Deutlich bis überdeutlich hängen viele Märchen von ihren Vorbildern aus Deutschland ab. Überdurchschnittlich häufig vertreten sind – übrigens nicht nur im alemannischen Raum, sondern schweizweit – Varianten von Zaubermärchen, die man gemeinhin in der »klassisch«-Grimm'schen Fassung kennt: »Sneewittchen«, »Aschenputtel« (oder wie es hier heißt: »Drächengrudel«), »Frau Holle«, »Tischchendeckdich, Goldesel und Knüppel aus dem Sack«.

Überall im deutschsprachigen Raum machte das »Modell Grimm« Schule. Mitte des 19. Jahrhunderts erschienen die »Kinder- und Hausmärchen aus Tirol« und »Kinder- und Hausmärchen aus Süddeutschland« der Brüder Zingerle, dann Theodor Vernalekens »Kinder- und Hausmärchen in den Alpenländern«. Auch das damals höchst erfolgreiche »Deutsche Märchenbuch« von Ludwig Bechstein ist der Grimm'schen Sammlung stark verpflichtet. Schon früh in andere Sprachen übersetzt, traten Grimms Zaubermärchen mit den wunderschönen goldblonden oder schwarzhaarigen Heldinnen einen weltweiten Siegeszug an.

Gerade die schönsten und bekanntesten Märchen sind Zaubermärchen beziehungsweise »eigentliche« Märchen. Seit und mit Grimm lassen diese sich wie folgt beschreiben: Neben tatsächlicher oder angenommener mündlicher Tradierung gehören zum Zaubermärchen die Formelhaftigkeit, Freude an der Wiederholung, schlicht gebaute Verse, eine Vorliebe für bestimmte Zahlen (drei, sieben, zwölf), für klare Farben und Edelmetalle (Silber, Gold); die Typenhaftigkeit und eindimensionale Vorstellung der Figuren, ihre Flächenhaftigkeit und damit das Fehlen des Vernunft- und Gefühlsbereichs; die Mangellage des Märchenhelden oder der Heldin, welche durch die Hochzeit oder den Erwerb eines Königreichs am Ende behoben wird; ihre stereotype Isolation, die Orte ihrer Abenteuer (Wald, Wasser, Schloss) und die märchentypische Zeitlosigkeit; die Gabe oder sonstige Hilfe jenseitiger Wesen und natürlich das glückliche Ende.

Vor allem aber das Wunderbare zeichnet solche Märchen aus: das selbstverständliche Wunder. Zaubermärchen gelten als Wunschdichtung. Folgerichtig eröffnete Wilhelm Grimm ab der dritten Auflage seinen »Froschkönig«, den programmatisch ersten Text der »Kinder- und Hausmärchen«, mit dem selbst formulierten Satzanfang: »In den alten Zeiten, wo das Wünschen noch geholfen hat ...«

Wo wären wir alle ohne die Märchen der Brüder Grimm? Unsere Welt wäre eine andere, ärmere. Heute sind die »Kinder- und Hausmärchen« das am weitesten verbreitete Buch deutscher Sprache. Es sind Märchen für Kinder wie für Erwachsene.

Barbara Gobrecht

181

Hilfreiche Nachschlagewerke und Literaturhinweise

(Auswahlbibliographie)

Johannes Bolte/Georg Polívka: Anmerkungen zu den Kinder- und Hausmärchen der Brüder Grimm. Leipzig 1913-32. Nachdruck Hildesheim – Zürich – New York 1994.

Ulf Diederichs: Who's who im Märchen. München 1995.

Enzyklopädie des Märchens. Handwörterbuch zur historischen und vergleichenden Erzählforschung. Begründet von Kurt Ranke. Herausgegeben von Rolf Wilhelm Brednich und anderen. Berlin – New York 1975 bis ca. 2015.

Johannes Fiebig (Hrsg.): Von einem, der auszog ... Frederik Hetmann/ Hans-Christian Kirsch: Märchen sammeln, erzählen, deuten. Krummwisch 2004.

Kurt Franz (Hrsg.): Märchenwelten. Das Volksmärchen aus der Sicht verschiedener Fachdisziplinen. Hohengehren 2004.

Helge Gerndt/Kristin Wardetzky (Hrsg.): Die Kunst des Erzählens. Festschrift für Walter Scherf. Potsdam 2002.

Barbara Gobrecht (Hrsg.): Vom Schicksalsfaden zum Sternenkleid. Kleider und Textilien im Märchen. Winterthur 2002, verbesserte Auflage 2007.

Barbara Gobrecht/Harlinda Lox/Thomas Bücksteeg (Hrsg.): Der Wunsch im Märchen. Heimat und Fremde im Märchen. Forschungsberichte aus der Welt der Märchen. Kreuzlingen – München 2003.

Jacob Grimm: Erinnerungen an Wilhelm Grimm (Rede auf Wilhelm Grimm) 1860. Hannoversch Münden 1991.

Ursula und Heinz-Albert Heindrichs (Hrsg.): Zauber Märchen. Forschungsberichte aus der Welt der Märchen. München 1998.

Katalin Horn: Der aktive und der passive Märchenheld. Basel 1983.

Ingrid Jacobsen/Harlina Lox/Sabine Lutkat (Hrsg.): Sprachmagie und Wortzauber. Traumhaus und Wolkenschloss. Forschungsberichte aus der Welt der Märchen. Krummwisch 2004.

Manfred Lemmer (Hrsg.): Grimms Märchen in ursprünglicher Gestalt. Nach der Ölenberger Handschrift von 1810. Frankfurt a. M. 1964.

Harlinda Lox/Sigrid Früh/Wolfgang Schultze (Hrsg.): Mann und Frau im Märchen. Forschungsberichte aus der Welt der Märchen. Kreuzlingen – München 2002.

Harlinda Lox/Sabine Lutkat/Dietrich Kluge (Hrsg.): Dunkle Mächte im Märchen und was sie bannt. Recht und Gerechtigkeit im Märchen. Forschungsberichte aus der Welt der Märchen. Krummwisch 2007.

Harlinda Lox/Sabine Lutkat/Werner Schmidt (Hrsg.): Der Vater in Märchen, Mythos und Moderne. Burg und Schloss, Tor und Turm im Märchen. Forschungsberichte aus der Welt der Märchen. Krummwisch 2008.

Harlinda Lox/Renate Vogt (Hrsg.): Abenteuer am Abgrund. Außenseiter im Märchen. Forschungsberichte aus der Welt der Märchen. Krummwisch 2010.

Max Lüthi: Das europäische Volksmärchen: Form und Wesen. 11., unveränderte Auflage. Tübingen 2005.

Max Lüthi: Das Märchen. 9., durchgesehene und ergänzte Auflage, bearbeitet von Heinz Rölleke. Stuttgart – Weimar 1996.

Märchen-Stiftung Walter Kahn (Hrsg.): Die Volksmärchen in unserer Kultur. Berichte über Bedeutung und Weiterleben der Märchen. Frankfurt a. M. 1993.

Kathrin Pöge-Alder: Märchenforschung. Theorien, Methoden, Interpretationen. Tübingen 2007.

Vladimir Propp: Die historischen Wurzeln des Zaubermärchens. Aus dem Russischen von Martin Pfeiffer. München – Wien 1987.

Lutz Röhrich: Lexikon der sprichwörtlichen Redensarten. 4. Auflage. Freiburg – Basel – Wien 1999.

Lutz Röhrich: Märchen und Wirklichkeit. 5., unveränderte Auflage. Hohengehren 2001.

Lutz Röhrich: »und weil sie nicht gestorben sind…«. Anthropologie, Kulturgeschichte und Deutung von Märchen. Köln – Weimar – Wien 2002.

Heinz Rölleke: Grimms Märchen und ihre Quellen. Die literarischen Vorlagen der Grimmschen Märchen synoptisch vorgestellt und kommentiert. Trier 2004.

Heinz Rölleke: Die Märchen der Brüder Grimm. Eine Einführung. Aktualisierter und korrigierter Neudruck der 3., durchgesehenen Auflage. Stuttgart 2008.

Heinz Rölleke: Die Märchen der Brüder Grimm. Quellen und Studien. Gesammelte Aufsätze. Trier 2000.

Heinz Rölleke (Hrsg.): Brüder Grimm: Kinder- und Hausmärchen. Die handschriftliche Urfassung von 1810. Stuttgart 2007.

Heinz Rölleke (Hrsg.): Die älteste Märchensammlung der Brüder Grimm. Synopse der handschriftlichen Urfassung von 1810 und der Erstdrucke von 1812. Cologny-Genève 1975.

Heinz Rölleke/Lothar Blum (Hrsg.): »Redensarten des Volks, auf die ich immer horche«. Das Sprichwort in den Kinder- und Hausmärchen der Brüder Grimm. Bern – Frankfurt – New York – Paris 1988.

Diether Röth: Kleines Typenlexikon der europäischen Zauber- und Novellenmärchen. Baltmannsweiler 2004.

Diether Röth/Walter Kahn (Hrsg.): Märchen und Märchenforschung in Europa. Ein Handbuch. Frankfurt am Main 1993.

Hans-Georg Schede: Die Brüder Grimm. Biographie. Erweiterte Neuauflage. Hanau 2009.

Walter Scherf: Das Märchenlexikon. München 1995.

Gabriele Seitz: Die Brüder Grimm. Leben – Werk – Zeit. München 1984.

Wilhelm Solms: Die Moral von Grimms Märchen. Darmstadt 1999.

Wilhelm Solms/Charlotte Oberfeld (Hrsg.): Das selbstverständliche Wunder. Beiträge germanistischer Märchenforschung. Marburg 1986.

Maria Tatar: Von Blaubärten und Rotkäppchen. Grimms grimmige Märchen. Aus dem Englischen von Anke Vogel. Salzburg – Wien 1990.

Ingrid Tomkowiak/Ulrich Marzolph (Hrsg.): Grimms Märchen International. Zehn der bekanntesten Grimmschen Märchen und ihre europäischen und außereuropäischen Verwandten. Texte und Kommentar. Paderborn – München – Wien – Zürich 1996.

Hans-Jörg Uther: Handbuch zu den »Kinder- und Hausmärchen« der Brüder Grimm. Entstehung – Wirkung – Interpretation. Berlin – New York 2008.

Hans-Jörg Uther: The Types of International Folktales. A Classification and Bibliography. Helsinki 2004.

Die Schweizerische
Märchengesellschaft

Die Schweizerische Märchengesellschaft SMG ist eine literarische Gesellschaft mit anerkannten Wissenschaftlern und Wissenschaftlerinnen verschiedener Disziplinen, mit zum Teil bedeutenden Erzählern und Erzählerinnen und mit vielen, an Märchen und anderen Volkserzählungen interessierten Mitgliedern aus allen Bevölkerungsschichten.

Die SMG wurde 1993 als Sektion der Europäischen Märchengesellschaft EMG gegründet, ist heute mit ihr assoziiert und hat wie diese die Förderung der Märchenforschung und die Pflege und Verbreitung des Märchengutes zum Ziel. Vor Ort, das heißt in den einzelnen Kantonen und in allen Sprachgebieten der Schweiz, von Regionalvertretungen und Märchenkreisen tatkräftig unterstützt, wird die SMG von einem fünfköpfigen, ehrenamtlich arbeitenden Vorstand geleitet. Das sachlich kompetente Team fühlt sich zur Offenheit gegenüber den verschiedenen Themen und Forschungsrichtungen verpflichtet. Wichtige Aspekte der Märchen- und Sagenforschung finden hier ein Forum. Die SMG bedient sich der verschiedensten Veranstaltungsformen wie: Seminare, Workshops, Referate, Tagungen, interdisziplinäre Symposien, um ihre Ziele zu erreichen. Ähnlich gut wie diese sind die häufig durchgeführten, regionalen wie überregionalen Erzählanlässe besucht. Mitglieder der Märchengesellschaft profitieren von ermäßigten Eintritten zu den Veranstaltungen.

Als Ziele der wissenschaftlichen SMG-Veranstaltungen gelten prinzipiell: Vertiefung der Märchenkunde, Hilfe für den Einstieg in die Forschung, das Kennenlernen verschiedener Methoden, Gattungen und Völker, die Vermittlung von Grundelementen in der literaturwissenschaftlichen, volkskundlichen, psychologischen, pädagogischen und kulturhistorischen Märchenforschung.

Die SMG-Erzählanlässe sollen vor allem stimulierend wirken, also Freude am Volksmärchen vermitteln. Gute Erzählerinnen und Erzähler können die innere Verbindung der Zuhörenden mit den Bildern und Motiven bewirken. Der eigene Stil, die Persönlichkeit des Erzählers, der Erzählerin soll – sowohl in Engagement wie in vorsichtiger Zurückhaltung – der Aussagekraft des Märchens Gestalt verleihen, das heißt sich dem Märchen zur Verfügung stellen. Besondere Bedeutung in der SMG hat das mundartliche Erzählen.

Oft werden im Rahmen der SMG Veranstaltungen organisiert, bei der abwechselnd die Märchenforschung und das Erzählen zu ihrem Recht kommen. Als Beispiele wären hier etwa die Seminarreihen »Märchen europäischer Völker« 2004 in Münchenstein und 2007 in Baden zu nennen, die Tagung »Märchen & Kunst« in Bad Ragaz (September 2006) oder das 6. Interdisziplinäre Symposion »Frauenkraft, die bewegt – nicht nur in Märchen, Mythen und Sagen« in Frauenfeld (Juni 2009). Im Jahr 2002 lud die SMG im Auftrag der EMG zum 1. internationalen Märchenkongress in die Schweiz. Thema: »Der Wunsch im Märchen«. Am 2. April 2005 feierten Schweizer und Dänen mit einem großen Fest im Kongresshaus Zürich den 200. Geburtstag des Märchendichters Hans Christian Andersen. Seit 2005 gibt es jährlich »Sagen am Tatort«. Im Juni 2011 lädt die SMG zum 7. Interdisziplinären Symposion »Ein Märchen – viele Lesarten: Aschenputtel« auf Schloss Beuggen.

Über aktuelle Märchen-Veranstaltungen informiert dreimal jährlich das mehrsprachige Vereinsblatt der SMG, die »PARABLA«, das die Mitglieder gratis erhalten. Informationen über die Tätigkeit der SMG findet man im Internet unter *www.maerchengesellschaft.ch* – hier können Sie auch je ein aktuelles Märchen hören und lesen.

Anfragen und Anmeldungen zur Mitgliedschaft oder zu einzelnen Veranstaltungen sind zu richten an die Leiterin der SMG-Geschäftsstelle:

Christine Brenner-Stettler
Lindenmattweg 4
3423 Ersigen, Schweiz
Tel. 00 41 (0) 34 445 51 20
E-Mail: *geschaeftsstelle@maerchengesellschaft.ch*

Die Europäische
Märchengesellschaft e. V.

wurde 1956 im Kloster/Schloß Bentlage bei Rheine in Westfalen gegründet als Vereinigung von Wissenschaftler/innen unterschiedlicher Fachrichtungen, von Erzähler/innen und Künstler/innen, vor allem aber von Märchenliebhabern, die sich und andere immer neu aufmerksam machen wollen für die Wahrheit, Weisheit und Schönheit der Märchen.

Darüber hinaus will die Europäische Märchengesellschaft (EMG) der Völkerverständigung dienen: denn wer sich mit Märchen beschäftigt, wird entdecken, dass sie überall in Europa, ja in der Welt, ähnlich und verwandt sind – weil auch wir Menschen bei allen Unterschieden zwischen Kulturen, Völkern und Individuen einander ähnlich und tief verwandt sind. Immer und überall bildet sich uns eine Welt ein, die ausgespannt ist zwischen Tod und Liebe; immer und überall fordert das Leben heraus, den eigenen Weg zu suchen. Und diese zu jedem Menschenleben gehörenden Erfahrungen wurden verdichtet zu Geschichten über

das, was uns glücklich macht oder traurig, was uns zum Schmunzeln bringt oder zum Träumen: zu Märchen, die auf uns deuten
und auf die Großen Fragen, die uns – wie im mährischen Märchen »Die Reise zur Sonne« – das Leben stellt: »Woher kommst
du? Wohin gehst du? Wonach suchst du?«

Die EMG richtet Jahr für Jahr im In- und Ausland Tagungen
und Internationale Kongresse aus, die märchenkundliche Themen aus unterschiedlichen Aspekten beleuchten. Sie veranstaltet
zudem jährlich ca. 60 Seminare in ganz Deutschland; Seminare
zur Märchenkunde, zur Märchendeutung, zur Erzählförderung
und zum kreativen Umgang mit Märchen. Weiterhin gibt die
EMG eine eigene Buchreihe heraus und dokumentiert auf Kas-
setten namhafte Erzählerinnen und Erzähler. Schließlich unter-
hält sie eine Spezialbibliothek mit Primär- und Sekundärlitera-
tur im Nordflügel von Kloster/Schloß Bentlage, wo sich auch die
Geschäftsstelle befindet.

Zurzeit hat die Gesellschaft fast 2.700 Mitglieder. Und wer
immer Märchen liebt, wer sie tiefer oder neu kennenlernen will,
den laden wir herzlich ein, Mitglied zu werden. Er oder sie wird
bereichernde Einsichten aus den Märchen schöpfen können und
dabei gewiss Freude und Freunde finden.

Europäische Märchengesellschaft
Kloster/Schloss Bentlage
Bentlager Weg 130, D-48432 Rheine
Fax +49 (0)-5971 918-429
www.maerchen-emg.de

Forschungsbeiträge aus der Welt der Märchen
Veröffentlichungen der
Europäischen Märchengesellschaft (VEMG)

Band 1: **Vom Menschenbild im Märchen.**
Janning, J./Gehrts, H./Ossowski, H. (Hg.).
ISBN 978-3-89875-963-2.

Band 2: **Gott im Märchen.**
Janning, J./Gehrts, H./Ossowski, H./Thyen, D. (Hg.).
ISBN 978-3-89875-964-9.

Band 3: **Rumänische Märchen außerhalb Rumäniens.**
Karlinger, F. (Hg.). ISBN 978-3-89875-965-6.

Band 4: **Märchenerzähler – Erzählgemeinschaft.**
Wehse, R. (Hg.). ISBN 978-3-89875-950-2.

Band 5: **Hessen – Märchenland der Brüder Grimm.**
Oberfeld, Ch./Bimmer, A. C. (Hg.). ISBN 978-3-89875-951-9.

Band 6: **Antiker Mythos in unseren Märchen.**
Siegmund, W. (Hg.). ISBN 978-3-89875-966-3.

Band 7: **Die Welt im Märchen.**
Janning, J./Gehrts, H. (Hg.). ISBN 978-3-89875-952-6.

Band 8: **Die Frau im Märchen.**
Früh, S./Wehse, R. (Hg.). ISBN 978-3-89875-967-0.

Band 9: **Märchen in Erziehung und Unterricht.**
Dinges,O./Born, M./Janning, J. (Hg.). ISBN 978-3-89875-968-7.

Band 10: **Schamanentum und Zaubermärchen.**
Gehrts, H./Lademann-Priemer, G. (Hg.). ISBN 978-3-89875-969-4.

Band 11: **Liebe und Eros im Märchen.**
Janning, J./Gobyn, L. (Hg.). ISBN 978-3-89875-953-3.

Band 12: **Märchen in der Dritten Welt.**
Oberfeld, Ch./Becker, J./Röth, D. (Hg.). ISBN 978-3-89875-954-0.

Band 13: **Die Zeit im Märchen.**
Heindrichs, U./Heindrichs, H.-A. (Hg.). ISBN 978-3-89875-970-0.

Band 14: **Wie alt sind unsere Märchen?**
Oberfeld, Ch. (Hg). ISBN 978-3-89875-971-7.

Band 15: **Tiere und Tiergestaltige im Märchen.**
Esterl, A./Solms. W. (Hg.). ISBN 978-3-89875-955-7.

Band 16: **Tod und Wandel im Märchen.**
Heindrichs, U./Heindrichs, H.-A./Kammerhofer, U. (Hg.).
ISBN 978-3-89875-972-4.

Band 17: **Witz, Humor und Komik im Volksmärchen.**
Kuhlmann, W./Röhrich, L. (Hg.). ISBN 978-3-89875-973-1.

Band 18: **Phantastische Welten.**
Le Blanc, Th./Solms, W. (Hg.). ISBN 978-3-89875-974-8.

Band 19: **Märchen und Schöpfung.**
Heindrichs, U./Heindrichs, H.-A. (Hg.). ISBN 978-3-89875-956-4.

Band 20: **Spiel, Tanz und Märchen.**
Möckel, M./Volkmann, H. (Hg.). ISBN 978-3-89875-957-1.

Band 21: **Das Märchen und die Künste.**
Heindrichs, U./Heindrichs, H.-A. (Hg.). ISBN 978-3-89875-975-5.

Band 22: **Märchen in Erziehung und Unterricht heute.**
Wardetzky, K./Zitzlsperger, H. (Hg.). ISBN 978-3-89875-976-2.

Band 23: **Zaubermärchen.**
Heindrichs, U./Heindrichs, H.-A. (Hg.). ISBN 978-3-89875-958-8.

Band 24: **Märchenkinder – Kindermärchen.**
Bücksteeg, Th./Dickerhoff, H. (Hg.). ISBN 978-3-89875-977-9.

Band 25: **Alter und Weisheit im Märchen.**
Heindrichs, U./Heindrichs, H.-A. (Hg.). ISBN 978-3-89875-978-6.

Band 26: **Als es noch Könige gab.**
Lox, H./Heindrichs, H.-A. (Hg.). ISBN 978-3-89875-979-3.

Band 27: **Mann und Frau im Märchen.**
Lox, H./Früh, S./Schultze, W. (Hg.). ISBN 978-3-89875-961-8.

Band 28: **Der Wunsch im Märchen/Heimat und Fremde im Märchen.**
Gobrecht, B./Lox, H./Bücksteeg, Th. (Hg.).
ISBN 978-3-89875-962-5.

Band 29: **Sprachmagie und Wortzauber/Traumhaus und Wolkenschloss.**
Lox, H./Jacobsen, I./Lutkat, S. (Hg.). ISBN 978-3-89875-130-8.

Band 30: **Homo faber/Verlorene Paradiese – gewonnene Königreiche.**
Lox, H./Volkmann, H./Bücksteeg, Th. (Hg.).
ISBN 978-3-89875-980-9.

Band 31: **Stimme des Nordens in Märchen und Mythen/Märchen und Seele.**
Lox, H./Schmidt, W./Bücksteeg, Th. (Hg.).
ISBN 978-3-89875-982-3.

Band 32: **Dunkle Mächte im Märchen und was sie bannt/Recht und Gerechtigkeit im Märchen.**
Lox, H./Lutkat, S./Kluge, D. (Hg.). ISBN 978-3-89875-984-7.

Band 33: **Der Vater in Märchen, Mythos und Moderne/Burg und Schloss, Tor und Turm im Märchen.**
Lox, H./Lutkat, S./Schmidt, W. (Hg.). ISBN 978-3-89875-986-1.

Band 34: **Märchenhaftes Irland/Vom glücklichen Ende.**
Jacobsen, I./Lox, H./Lutkat, S. (Hg.). ISBN 978-3-89875-989-2.

Band 35: **Abenteuer am Abgrund/Außenseiter im Märchen.**
Lox, H./Vogt, R. (Hg.). ISBN 978-3-89875-990-8.

Die Kongressbände der
Europäischen Märchengesellschaft (EMG)
in chronologischer Reihenfolge

Band 1: EMG/Heinrich Dickerhoff (Hg.)
Traumhaus und Wolkenschloß
ISBN 9783898750981

Band 2: EMG/Ingrid Jacobsen/Harlinda Lox (Hg.)
Verlorene Paradiese – gewonnene Königreiche
ISBN 9783898751315

Band 3: EMG/Christel Bücksteeg/Thomas Bücksteeg/
Heinrich Dickerhoff (Hg.)
Und meine Seele spannte weit ihre Flügel aus
ISBN 9783898751575

Band 4: EMG/Harlinda Lox/Heinrich Dickerhoff (Hg.)
Märchen, an denen mein Herz hängt
ISBN 9783898751858

Band 5: EMG/Ingrid Jacobsen/Harlinda Lox (Hg.)
Der Turm zu den Sternen
ISBN 9783898751995

Band 6: EMG/Ingrid Jacobsen/Harlinda Lox (Hg.)
Vom glücklichen Ende
ISBN 9783868260064

Band 7: EMG/Ingrid Jacobsen/Harlinda Lox (Hg.)
Diebe, Dummlinge, Faulpelze & Co.
ISBN 9783868260137

Band 8: EMG/Ursula & Heinz-Albert Heindrichs/
Harlinda Lox (Hg.)
Märchen, die Brücken bauen
ISBN 9783868260212